圖書在版編目（CIP）數據

秉筆游刃與硯語 : 慶堂藏硯刻銘選集 / 孫家潭著
. -- 杭州 : 西泠印社出版社, 2021.9
ISBN 978-7-5508-3508-5

Ⅰ. ①秉… Ⅱ. ①孫… Ⅲ. ①古硯－收藏－中國
Ⅳ. ①G262.8

中國版本圖書館CIP資料核字(2021)第185173號

秉筆游刃與硯語——慶堂藏硯刻銘選集

孫家潭　著

出品人　江　吟
責任編輯　楊　舟
責任出版　李　兵
責任校對　徐　岫
裝幀設計　王衛樑
出版發行　西泠印社出版社（杭州市西湖文化廣場32號5樓）
郵政編碼　310014
經　　銷　全國新華書店
印　　刷　炫彩（天津）印刷有限責任公司
開　　本　787*1092mm 1/8
印　　張　52
印　　數　0001—1500
書　　號　ISBN 978-7-5508-3508-5
版　　次　2021年9月第1版　第1次印刷
定　　價　480.00元

西泠印社出版社發行部聯繫方式：（0571）87243079

天津印社二十五周年華誕（一九九六 — 二〇二一）

秉筆游刃與硯語

慶堂藏硯刻銘選集

孙家潭　著

西泠印社出版社

序言【一】

可譬文心妙造自然

王雲山

硯，古有述之，其《硯説》云：心之介，德之操，藝之媒也……且以行立德，以品立格，以硯傳思達藝是也。其發端于新石器時代，于漢代發展成熟。漢劉熙《釋名》注：硯，研也，研墨以和儒也。古人述硯有八德：質之光潤，琢之圓滑，色之光彩，聲之清玲，體之厚重，藏之光整，磨之墨稠，文之豐蘊。故硯自出現伊始，即爲文人所重，無論古今，均是文人雅士鍾愛之物。自漢代以來，歷代帝王將相、王公顯貴，或文人雅客，好硯之風，一以貫之，不勝枚舉。蘇軾的“我生無田食破硯”之好，米芾的“挾帝奪硯”之典故，至今仍爲人所樂道。自古以來，文人多好事，一方佳硯在手，揣摩之餘，鍾戀不拔。情往神之，故鑿句于上，以銘其志、鑒其心、寄其情、抒其懷，賦予了它新的生命，表達着持者心聲。清姚鼐所著《古文辭類纂》曾作“箴銘篇”：箴銘類者，三代以來有其體矣，聖賢傾以自戒警之義，其辭尤質而意尤深……後世于器物上作銘，寄情于物。

孫家潭先生，津門人，自幼有書畫金石之好，尤以書法、篆刻嚮譽藝壇。觀古、摩古、藏古是先生藝術滋養之源泉。與古人對話，直追其脉，是先生嚮往之境界。多年以來，樂此不彼。在其師楊魯安先生的教誨下，深没其中，鑽研良苦。在其衆多藏品之中，古硯收藏，是先生中年以後較傾心力的一科。賞其藏硯，上溯唐宋，下達明清，形制多樣，材質豐富，品類齊全，幾乎囊括了中古以來所有硯材。展現于觀者面前的，儼然是一席古硯的饕餮大餐。每每談及，先生即述興起，得意快然，陶醉其間。心欣之情，或于言表。傾聽着先生對每一方硯的解讀，收至慶堂之緣由，失之交臂之沮喪，失而復得之喜悦，藏硯研硯之心得，無疑爲聆聽者講述着中國文人所固有之情懷，是中國文人心態之縮影。

借古之風，傳古之韵，歷代皆有之，現代亦然。尤近今日，國昌民泰，生活安逸，收藏之風再起，盡顯紛呈。惜衆多藏者衹藏未研，或僅知其皮毛，遠遜先賢藏家之範，可嘆也。然孫家潭先生却憑其深厚的文淵之氣，廣博之識，承古人衣鉢，假以其精湛的藝術手段，爲其藏硯作銘添彩，無疑是令人欽佩之舉。一件件精美的古硯，憑藉先生敏鋭的藝術視角、豐富的藝術語言，或以書出、或以印現、或以形表，借古硯而傳今聲，藉古韵再延其涵，令觀者捧之叫絶，回味無窮。在孫先生或寄情、或抒懷的硯銘作品中，一方殘瓦硯銘，頗爲奇特。觀古人作銘，多以書法、繪畫爲之，

以借文句表其心，依梅蘭傳其情。然孫先生在這些形制經典的古瓦硯上，標新立异，另辟心田，且和諧一體。以其高超的技藝，精湛的手法，巧妙的構思，鐫刻了九枚印章，全新而獨特的“以印作銘”的語言形式，讓這塊沉睡了近五百年的古硯與今人思想合璧。并爲此硯著文《我家屋檐上的“瓦”》，介紹收藏、欣賞、創作的過程。以印章入銘，古有之，但僅見于鐫者名附之，孫先生以現代多元的視角，結合篆刻藝術語言，賦予硯銘新的内容，實爲創舉。在《明歙州如意池大硯》作銘中，孫先生以其厚實的書印功力，集楷、篆、行、草四體書風及篆刻刊于硯背，體現出古代摩崖石刻之氣象，小中寓大千，觀之蔚爲大觀，給人似徜徉于崖壁時的觀壁之感。而另一方取名“微明”的硯銘作品，更爲奇特，其銘文暗引曰：“慶堂寶玩。”此銘構思新穎而“另類”，全不見古人，字法以老宋體偏旁部首組合而成，參以現代圖文理念，將漢字的結構美與神奇的拆解相合成，既體現出孫先生在繼承傳統文脉下，大膽創新，與時俱進的現代藝術家思維，又顯現出先生駕馭文字、統攬全域的深厚功力。孫先生對這件作品的解讀爲：“漢字有‘六書’造字法，漢字又可划分爲真、草、隸、篆體書之分，其結構由偏旁、部首組合而成。”將其分解的部首有機地組合起來，便可以破解出其中的寓意。并由此還引申《道德經》注解其意：“將欲歙之，必固張之。將欲弱之，必固强之。將欲廢之，必固興之；將欲取之，必固與之；是爲微明。”所謂“微明”，即大道之隱奥，至理之深幽。即深藏不露，却又無處不顯現。世事萬象，皆有隱有顯，有微有明。此道也。銘以彰其心，孫先生低調做人，高調做事之爲，了然于此銘。在衆多的藏品中，一方橢圓小端硯，着實可愛，其精美圓潤，靈秀十足，是先生常把玩之物。孫先生在其硯池周邊，以自己獨特的篆體書風作銘：“山不讓塵，川不辭盈。勉爾含弘，以隆德聲。”以老子之語鑿銘自勉，乃先生之真實寫照。

硯依銘爲貴，銘以硯傳聲。每一方古硯之銘，無一不是硯主人的内心獨白與心聲，無論銘書、銘印，每一種表現均折射出主人的情愫，反映着主人的德行與操守。觀者賞硯釋銘，嗅出的是墨翰負笈的縷縷書香，是文人墨客内心的獨白。硯銘，是一段硯文化發展歷史，一段文人生活的寫照，一段情緣的講述。它沉澱了深厚的文化内涵，是中國文人心靈的獨白，正如文天祥所銘：硯雖非鐵磨難穿，心雖非石如其堅，守之佛失道自全。

“空山鳥語兮，人與白雲栖。潺潺清泉濯我心，潭深魚兒戲。風吹山林兮，月照花影移，紅塵如夢聚又離……多情多悲戚。望一片幽冥兮，我與月相惜，撫一曲遥相寄，難訴相思意。我心如烟雲，當空舞長袖。人在千里，魂夢常相依。紅顔空自許，南柯一夢難醒。空老山林，聽那泉水，叮咚叮咚似無意，映我長夜清寂。”以“雲水禪心”詞銘作結語，願吾師錐筆不頹，腕底生鬼也。

晚學客内蒙古逸齋

2021.4

序 言【二】

《秉筆游刃與硯語》——寫在此書付梓前聯想

田晋華

古之硯爲研，研磨墨之器也。又“農之生計在田，儒之生計在硯”，故硯爲文人之田也。

自筆、墨、紙、硯文房四寶受達官顯貴、文人墨客追捧始，王公貴胄、士林大夫，無不以集精藏珍爲書房建設之要旨，四寶中尤以集硯藏硯爲首，蓋因其質堅性穩，静以爲用，不畏滄桑，傳百世而不朽，用、玩、傳、藏兼備，非另三寶皆爲耗物可比，造就其文玩寶藏之重要地位。時至新紀，硯之“用”途日暮，玩、藏成硯之歸屬，然其位尤盛不衰矣。

孫師家潭先生集硯經年，典藏頗豐。端歙洮河、澄泥紅絲，石豐種富；鼎瓦鼓碟、平板太史，款多樣全。然先生藏硯，概不複款，寶硯入藏，皆作新銘，此乃先生藏爲銘之好。《秉筆游刃與硯語》，乃先生從其古硯新銘藏品中萃選百二十件成籍付梓，籍名佐其“藏爲銘”之證矣。

爲藏硯刻銘，古已有之。北宋書家米芾，人贈别號“米顛”，愛硯如命，不僅留“米顛拜石”之趣談，甚有直面徽宗索硯之曠舉，可見痴硯之顛態。米氏藏硯也銘硯，但銘不及藏顛。清康熙年間，有江蘇吴江（今蘇州）學士潘耒，供職翰林院，因事罷官居家，嗜藏諸類硯石，并以形質分類爲之刻銘，量類均豐，傳若盈屋充棟。閑時逐一摩挲拂拭，寶之珍之，得世人贈“石痴”雅號。

先生藏硯刻銘，與潘氏存别：一曰選藏有别，二曰銘文有别。潘氏之選藏，古今皆宜，形質優者爲上。先生則非古硯不取。余昔年游端硯産鄉肇慶，思先生藏硯，電詢圖示硯款，爰則順回。復曰：新硯不取。潘氏銘硯之文，多以硯質、硯款論述爲旨，潘氏本書家，銘文書體以本所長。先生精印善篆，藏硯銘文篆體居多，真草隸篆皆全，且每硯多有印樣并列其中，縱觀先生之硯銘，亦能窺先生之印風于一斑。

先生寶硯。新藏銘畢，棕刷布巾勤加擦拭，不厭其煩，述曰：復舊。閑時執硯把玩摩挲，愛不釋手，堪與石痴潘氏比肩矣。先生寶硯常顯于硯銘，藏中一超大太史端硯，銘曰：“吾少好翰墨，猶喜古硯。文房四

寶，唯硯以爲用，是以永壽。古硯銘或記事，或抒懷。古來，成爲了文士所好愛也。人磨墨，墨亦磨人，其相隨、相伴、撫之、愛之，如面古人矣。”先生善製印，每每銘畢寶硯，則輔刊一印，常入印文者，《琅玡王歌辭》之“一日三摩挲，劇于十五女”句，此句又常入先生之硯銘，乃先生寶硯之寫照。

觀先生硯銘，書體豐富，文采典雅，印樣古樸，造像生動，尤入硯銘大觀園也。單硯常有書、印、造像同銘，皆先生印家之優也，然銘體雖多，不見冗雜，蓋因先生美學基厚，善馭其分朱布白。善馭者，用心也。斯爲用心，是以能成，可達其賞心悅目之效矣。

戊戌夏，余得一明代蟬形歙硯，長盈尺二，縱横皆闊，品相極佳，報稟先生欲捐充印社陳展。甚喜！曰：“寄吾刻銘，文述印社再圖之沿革，以資留存。”時先生客居内蒙，歲夏復此。憂先生越古稀之體，勿宜久累，勸其簡銘。曰：“勿慮，汝力助印社發展付出不菲，吾當替社衆謝之。印社再圖，吾雖年邁亦應傾力而爲，况付出些許體力乎。”余甚感動！仲秋，携家人游蒙，借機訪晤先生，寒暄止，先生指案笑曰：“大功告成，幸不辱命，交汝查驗。”視綫及處，大蟬硯静卧書案，外圍刻滿銘文。激動往視，見主文爲先生特有之印款法度，弧面排列，错落有致。文千二百餘，述及印社史、今之沿革、圖强之舉措、未來之期許，篇幅完整，無有错漏。間印樣十有一圖，皆爲吉慶之語，布局巧妙，渾然天成。滿滿銘文，顯傾先生心力。歙硯質堅，銘面异曲，刀筆不暢，又先生常年製印，鐵筆勤耕不輟，臂留頑疾。思先生銘之不易，心疼問曰：耗日幾許？答曰：斷續半月餘也。先生性急，心不存事，久操不結，易誘頑疾。思及，心復疼之！

先生操心社事，事必躬親，逆時順境未有懈怠，財困之時，四方拜籌，抑或秉燭篆印換資補空，諸方不易，爾來二十有五年矣。今逢社慶華誕，拖越古稀之軀，編書撰籍，爲之賀誕，實爲吾輩社衆頂禮之楷模！先生常言：時代饋之不薄，當知感恩，易與不易，皆爲生活。忖之尤膜拜矣！

《秉筆游刃與硯語》即將付梓，有幸得觀書樣，學讀再三，心有所感，命筆從之。

辛丑夏晚學客居津門紫荆齋

目 录

壹、慶堂藏古硯刻銘

1.宋元時期

2.明時期

3.清民時期

貳、附録一 · 慶堂藏硯

叁、附録二 · 慶堂卮言

後 記

壹・慶堂藏古硯刻銘

❶

宋元時期

壹

蠖村石太史硯

長 125毫米
寬 75毫米
高 22毫米

刻銘：長壽（仿漢瓦當）。
長壽，以漢瓦爲此銘，研者以靜爲用，得益永年。
今取其意奉之，丙申夏家潭。

簡述：是硯近長方形樣，硯面開池傾斜，上端略窄，邊緣弧綫形，
硯側四邊内斂，質料細膩，石呈土黄色。

壹　巙村石太史硯

貳

澄泥三足殘硯

直徑 165毫米
高　　35毫米

原銘：□□鼎其足□前聞以大畜見□□

刻銘：此爲宋元時期三足研，惜殘，研背有銘文三行十四字，
作楷書體，文中有個别字不識，此研得于河北固安。
圓形、三足、色清灰，爲早年澄泥硯品也。
乙未春慶堂孫家潭白。

簡述：是硯作圓形樣，硯面上端邊緣開池，背三足，覆首圓形，
内按壓銘文，澄泥呈灰白色，斷裂邊緣有鋦釘痕迹。

貳　澄泥三足殘硯

叁

青石覆式硯

長 120毫米
寬　92毫米
高　26毫米

刻銘：寶衡遂乃。
　　　真水園（印章）

簡述：是硯長方形樣，硯面傾斜，開橢圓形深池，池邊起凸綫，硯墻四邊内斂，製作規整，石呈清灰色。

叁　青石覆式硯

肆

嶁村石太史硯

長 163毫米
寬 114毫米
高 50毫米

刻銘：名香長夜，仙骨通身。方折凌厲，氣沉大千。孫慶堂白。

簡述：是硯長方形樣，硯面開池傾斜深落，池邊如壁立，上端略窄，硯墻四邊内斂。背面觀察，原是一方超大雙覆式太史硯，曾被裁去一半成此狀，故右側硯墻缺失一角，但不影響平穩擺放。石呈灰黑色，此硯邊角凌厲，硯池深邃，形體厚重，氣勢宏大，遠超常規太史硯。

肆　巙村石太史硯

伍 青石瓶形硯

長 190毫米
寬 113毫米
高　20毫米

刻銘：君子坦蕩蕩，小人長戚戚。擬漢碑額集《論語》中句，辛卯秋月慶堂作銘。
非葉、孫（印章）

簡述：是硯長方形樣，形體扁平。硯面開對稱花池，硯堂減地作瓶形，石呈清灰色，邊角有多處磕碰。

伍　青石瓶形硯

陸

歙州石超高太史硯

長 227毫米
寬 133毫米
高 100毫米

刻銘：一日三摩挲，劇于十五女。辛卯春月喜得大樸作此，慶堂主人孫家潭銘。
非葉、慶堂（印章）

簡述：是硯長方形樣，硯面開一字池，硯堂微凹，尺寸超高，形體宏大，整體端莊肅穆，硯面眉紋清晰，有折射光感，石質温潤油亮，硯背内墻平整，唯右側有修補，瑕不掩瑜。同類型太史硯中如此高度者罕見。

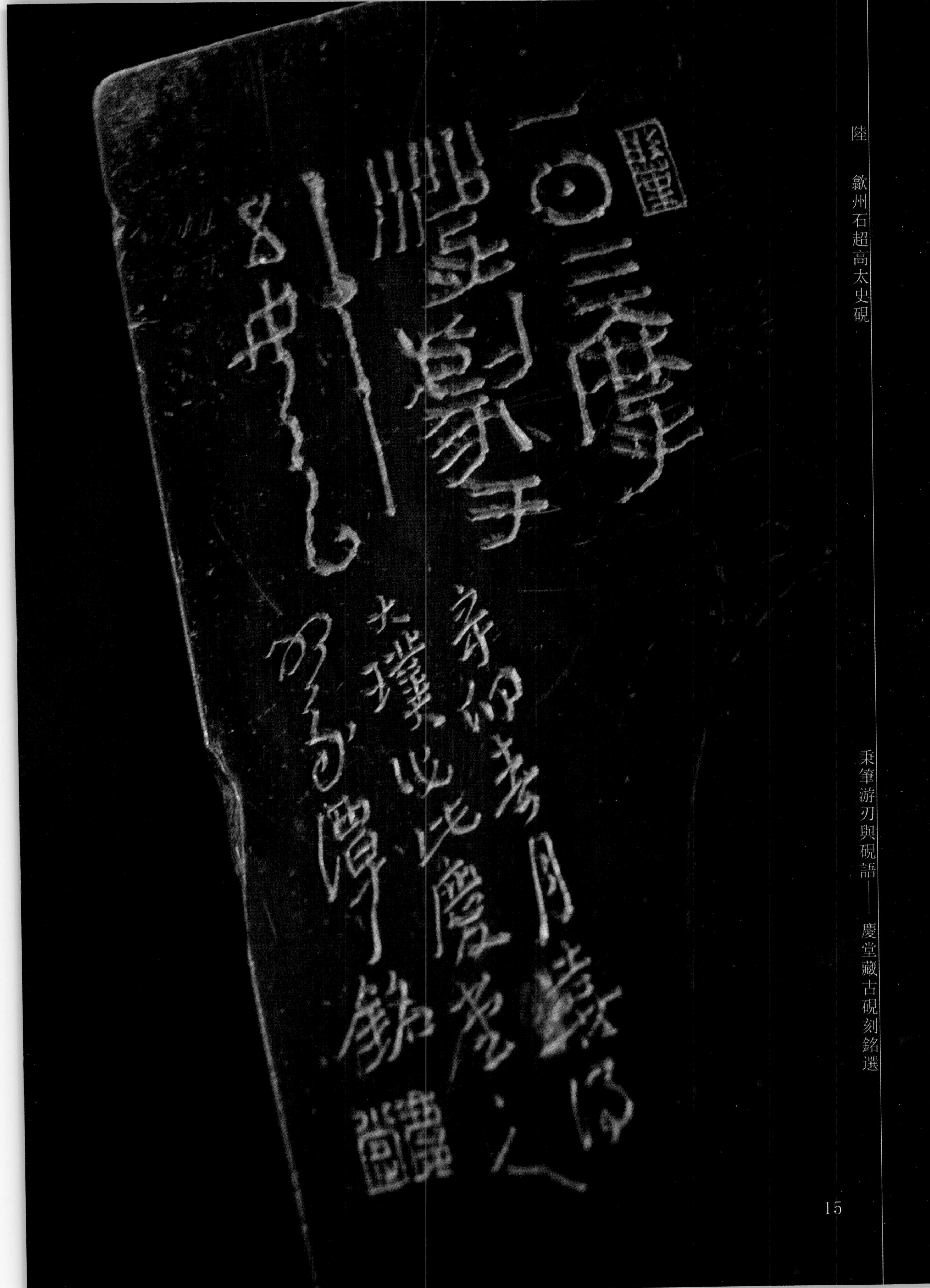

陸　歙州石超高太史硯

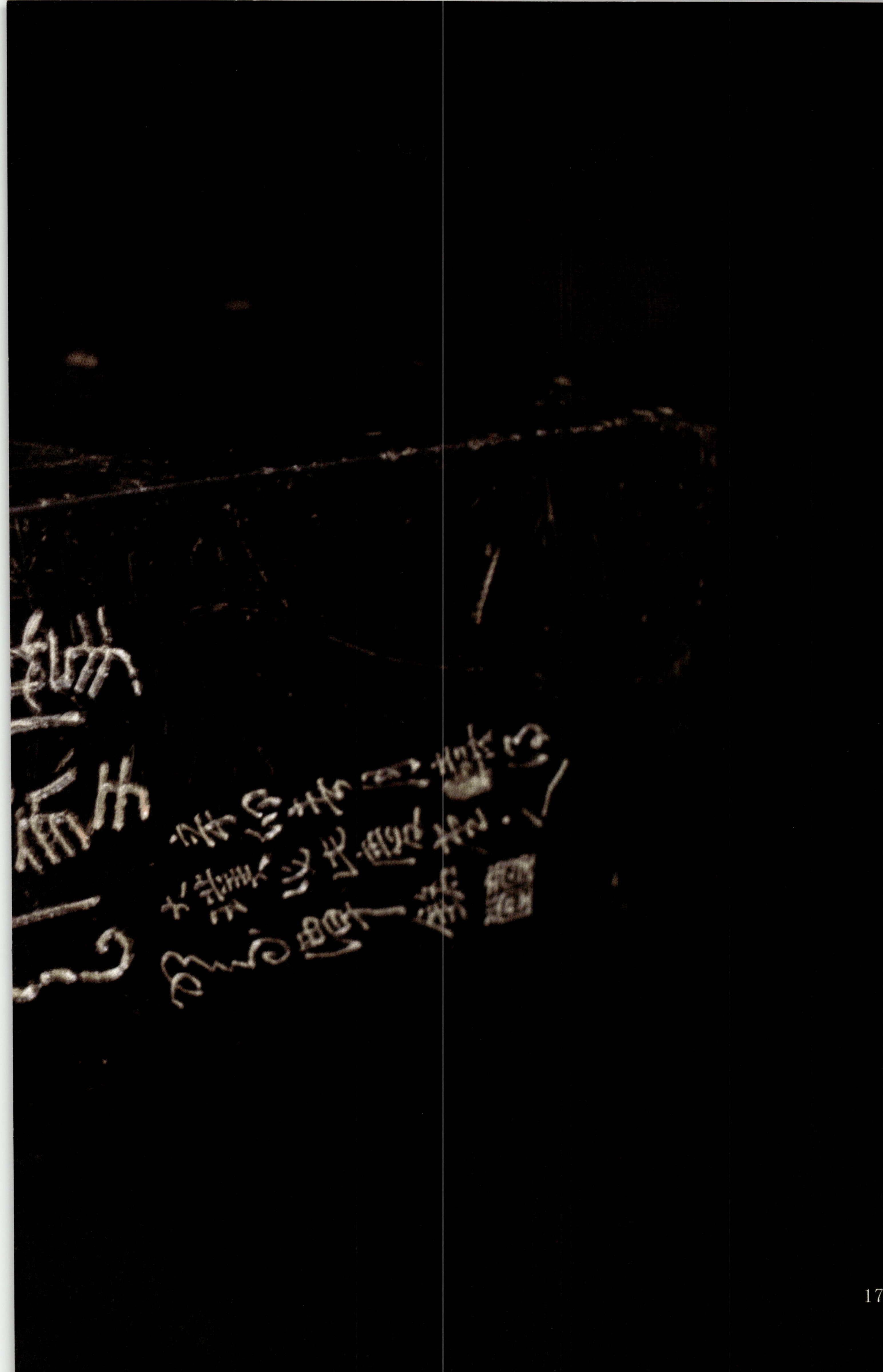

陸　歙州石超高太史硯

柒

歙州石雲池圓硯

直徑 168毫米
高　　28毫米

刻銘：心齊雲，獨適安。
慶堂主人藏（印章）

簡述：是硯圓形樣，硯面開祥雲深池，硯堂眉紋明顯，有折射光感，圓形硯體周邊内斂，深覆手平整，老皮熟舊。

柒　歙州石雲池圓硯

柒　歙州石雲池圓硯

捌

端州石太史硯

長 205毫米
寬 122毫米
高　76毫米

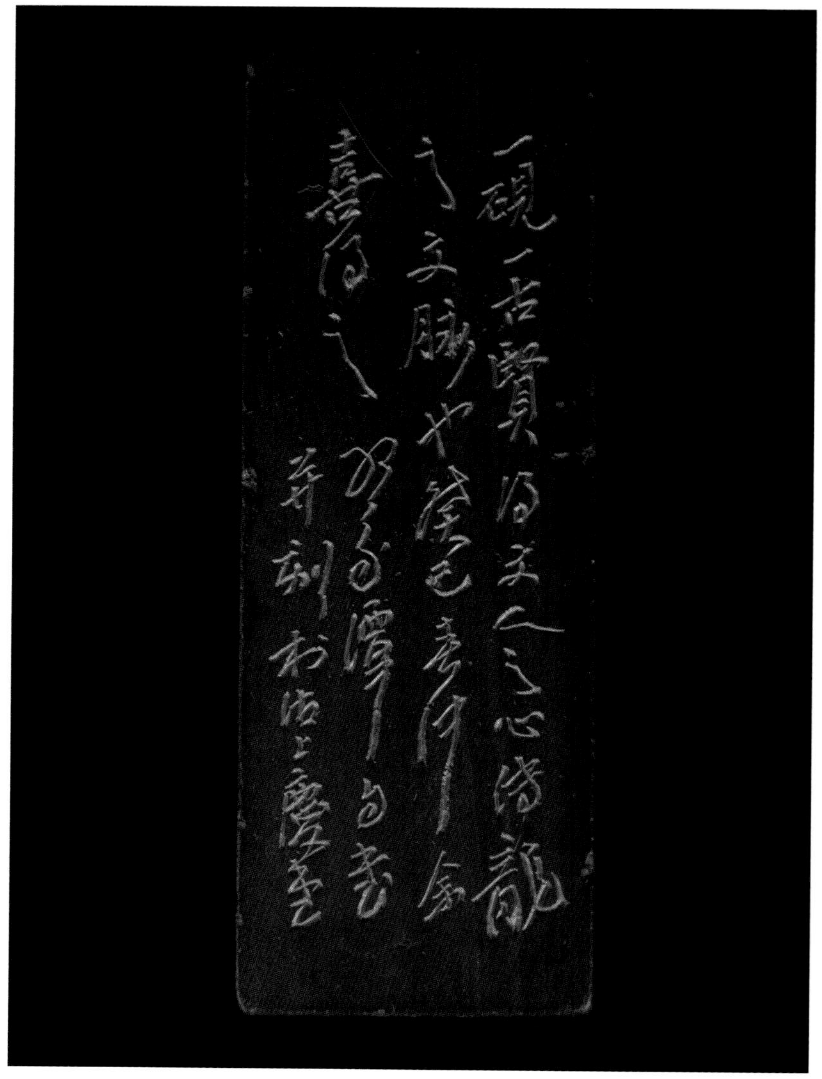

刻銘：一硯一古賢，得文人之心，傳龍之文脉也！癸巳春仲余喜得之，孫家潭自書并刻于沽上慶堂。
慶堂藏。

簡述：是硯長方形樣，硯面開深池，硯崗作斜坡狀，硯池寬闊，占硯面長度三分之一，窄邊。硯背内墻平整，石呈深紫色，老坑。整體觀之，沉穩端莊，同類型太史硯中作如此闊池者稀少。硯堂下邊緣有火漆驗證戳記。

捌　端州石太史硯

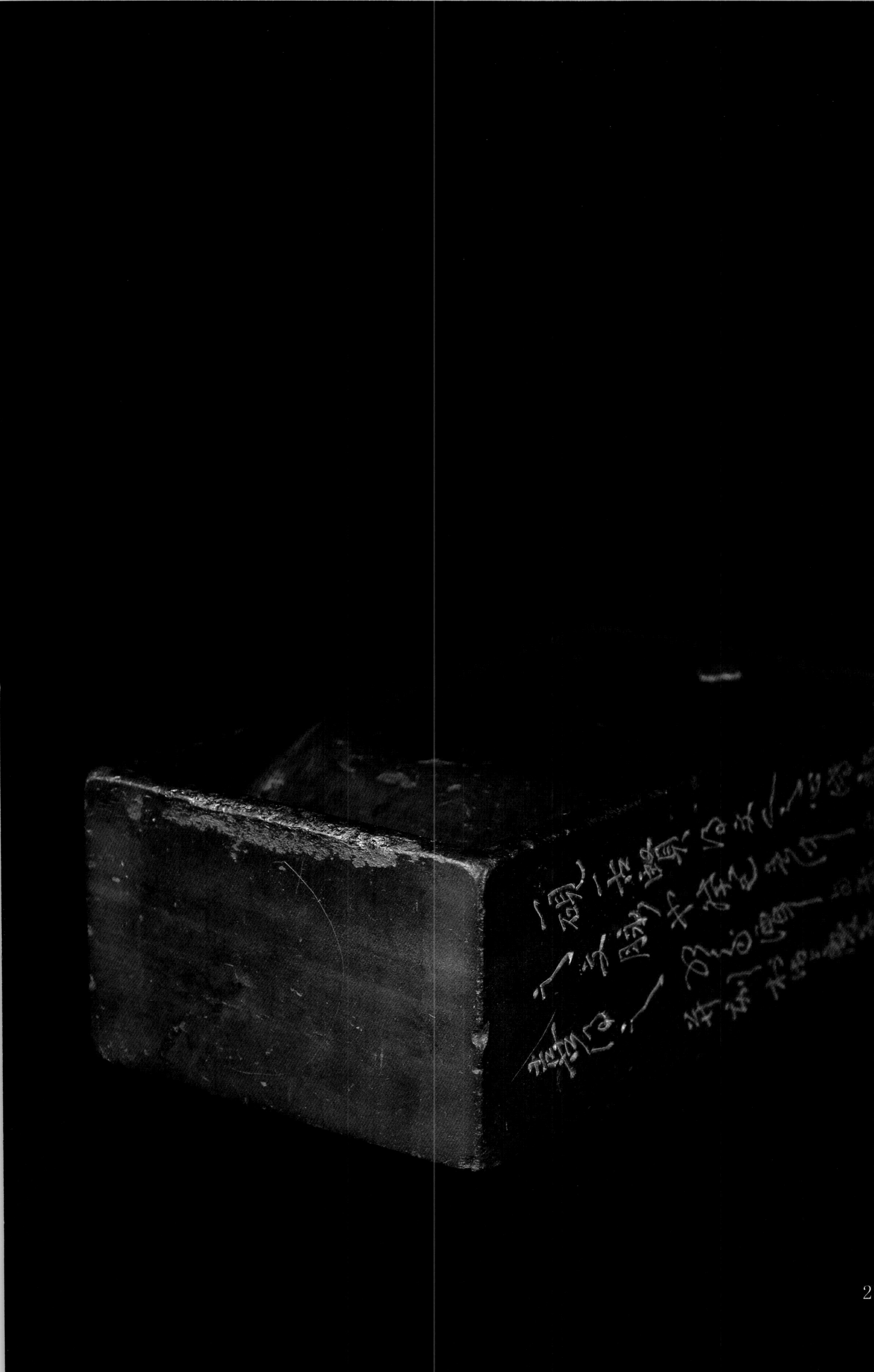

捌　端州石太史硯

玖

端州石硯磚

長 178毫米
寬 105毫米
高　40毫米

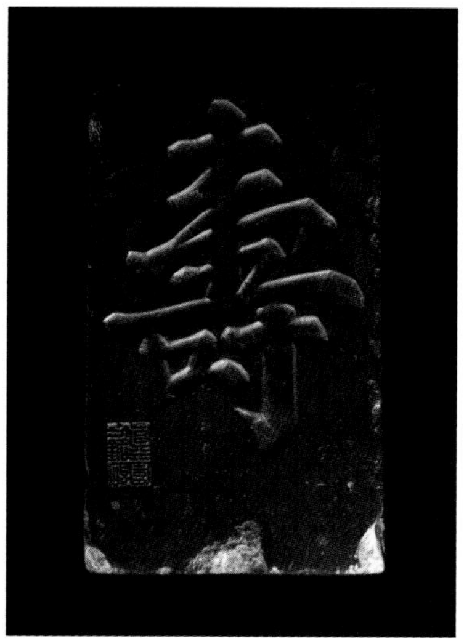

刻銘：壽

唯正月季春吉日，歲次甲午，余喜得古硯，其有玉骨，得以永年。余作壽銘大吉，宜子孫萬世無疆，用之勿相。

真水園主人銘硯、慶堂、孫家潭（印章）

簡述：是硯磚長方形樣，石質細膩，石呈黝黑光亮，老坑，邊角有磕碰，形體厚重端莊，有滄桑感。

玖　端州石硯磚

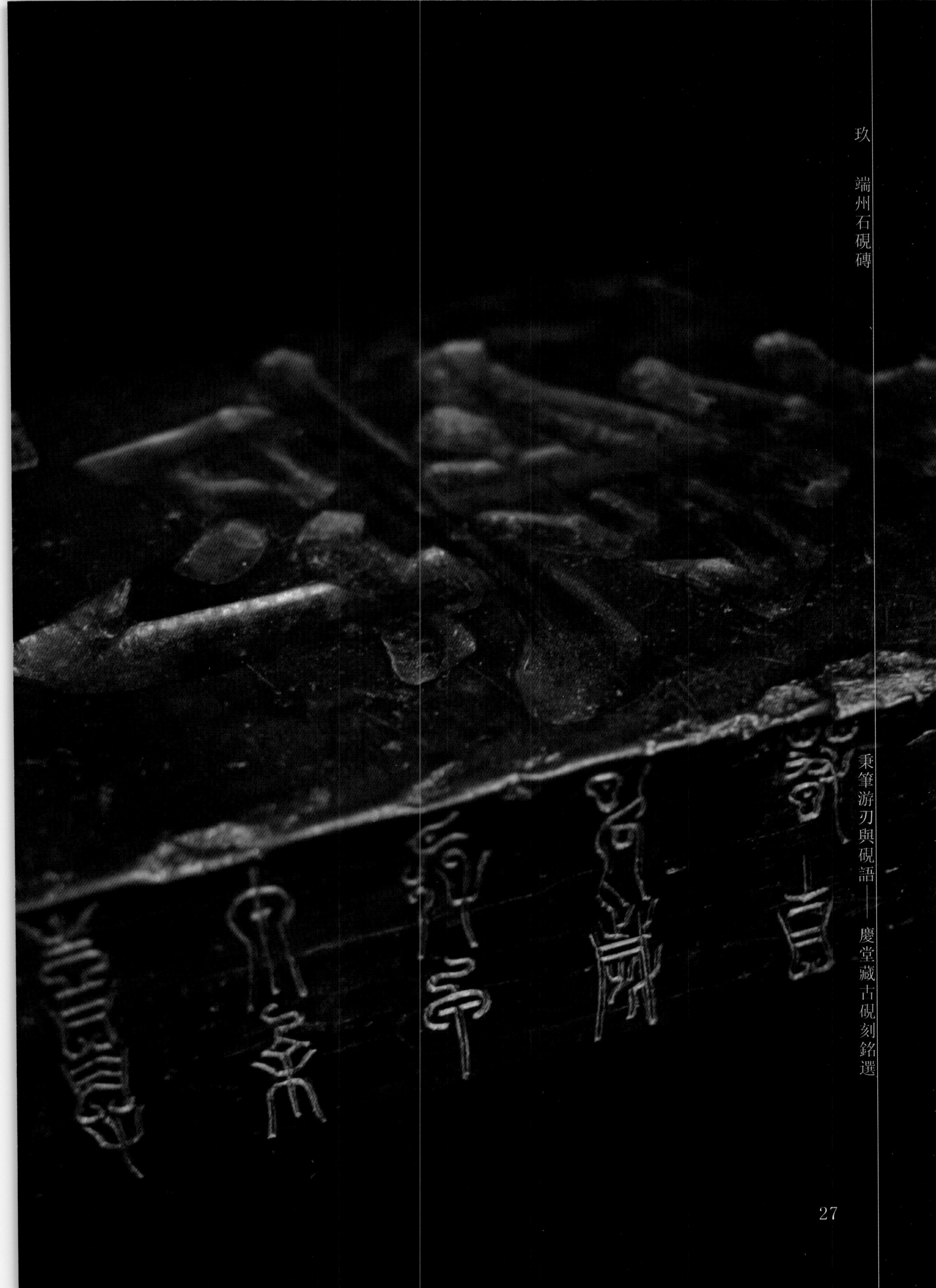

玖　端州石硯磚

拾

歙州石太史硯

長 155毫米
寬　88毫米
高　52毫米

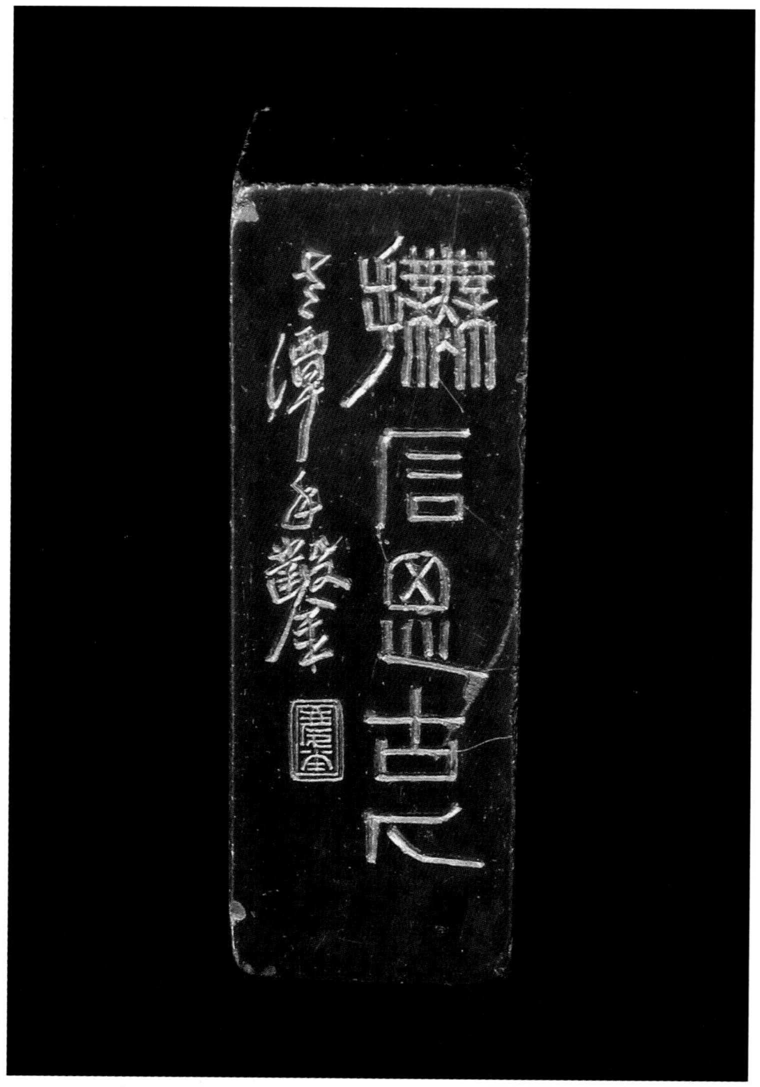

刻銘：撫石思古人，老潭手鑿。
　　　慶堂（印章）

簡述：是硯長方形樣，硯面開一字池，石呈清灰色，
　　　石質細膩光滑，綫面規整。

拾　歙州石太史硯

拾　歙州石太史硯

拾壹

歙州石鳳鳥紋太史硯

長 216毫米
寬 130毫米
高 　65毫米

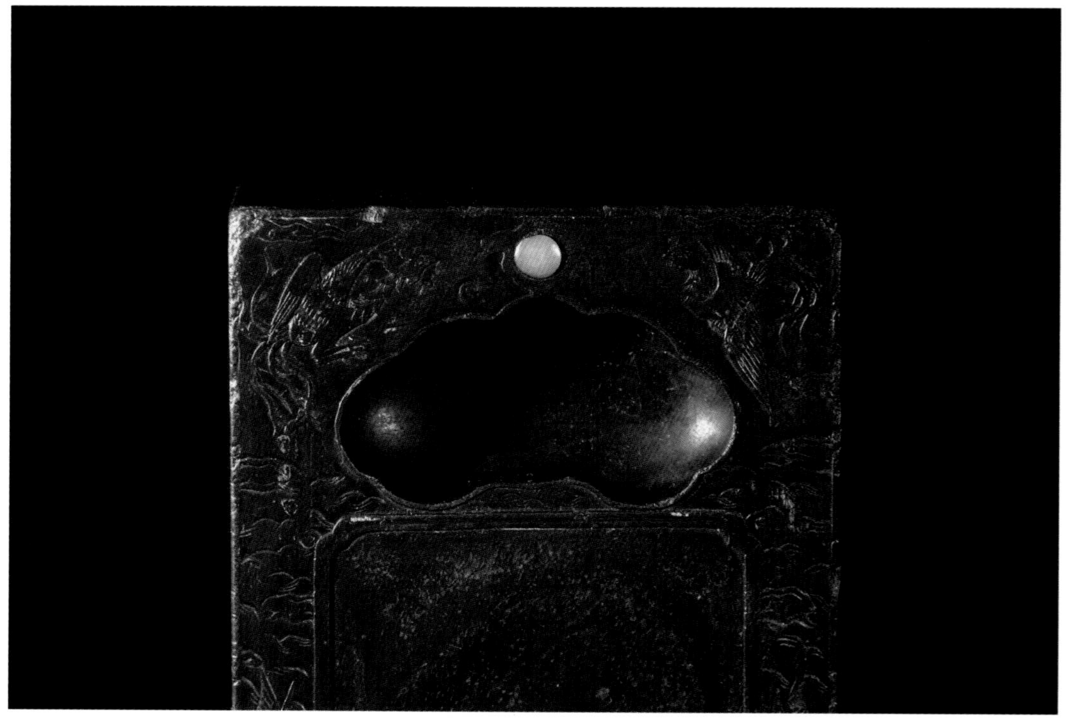

原銘：甘泉岑氏仲陶父秘笈印

刻銘：有鳳來儀（仿印章）
甲午吉日，慶堂主人孫家潭作銘。
孫（印章）

簡述：是硯長方形樣，硯面開如意深池，池邊正中鑲嵌螺細高眼，池兩側飾鳳鳥，作展翅飛翔狀，硯堂長方形，周邊飾飛鶴水波紋。硯堂表面呈現斑斑點點魚籽紋，石品豐富，質料細膩光亮。整體觀之，此硯開池頗深，硯面鳳鳥與周邊刻劃紋飾惜有磨損，于太史硯款式中所見稀少。

拾壹　歙州石鳳鳥紋太史硯

拾貳

端州石太史硯

長 146毫米
寬　94毫米
高　66毫米

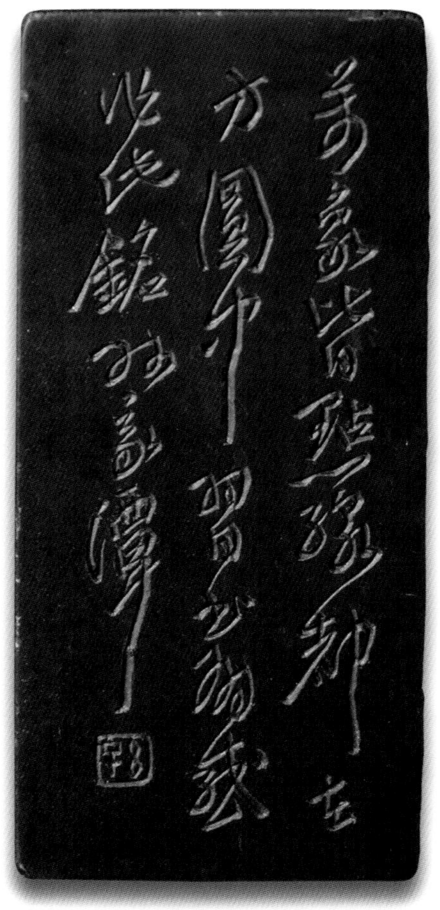

刻銘：萬象皆點綫，都在方圓中。習書有感作此銘。孫家潭。
　　　孫（印章）

簡述：是硯長方形樣，硯面開一字池，石呈清灰色，硯背邊
　　　墻處留有柱眼一根。

拾貳　端州石太史硯

拾叁

端州石太史硯

長 188毫米
寬 112毫米
高 80毫米

刻銘：暢神（仿印章）
以合體印法作“暢神”爲銘，吾手寫吾心也。丁酉十月，慶堂孫家潭。

簡述：是硯長方形樣，硯面呈斜坡狀開深池，上端邊緣處石皮斑駁，石呈紫褐色，與同類太史硯比較形制略高，硯背內墻平整，留有二根柱眼，整體形制方正剛直。

拾肆

澄泥蝦頭紅超大仿生鵝形硯

長 233毫米
寬 130毫米
高 　90毫米

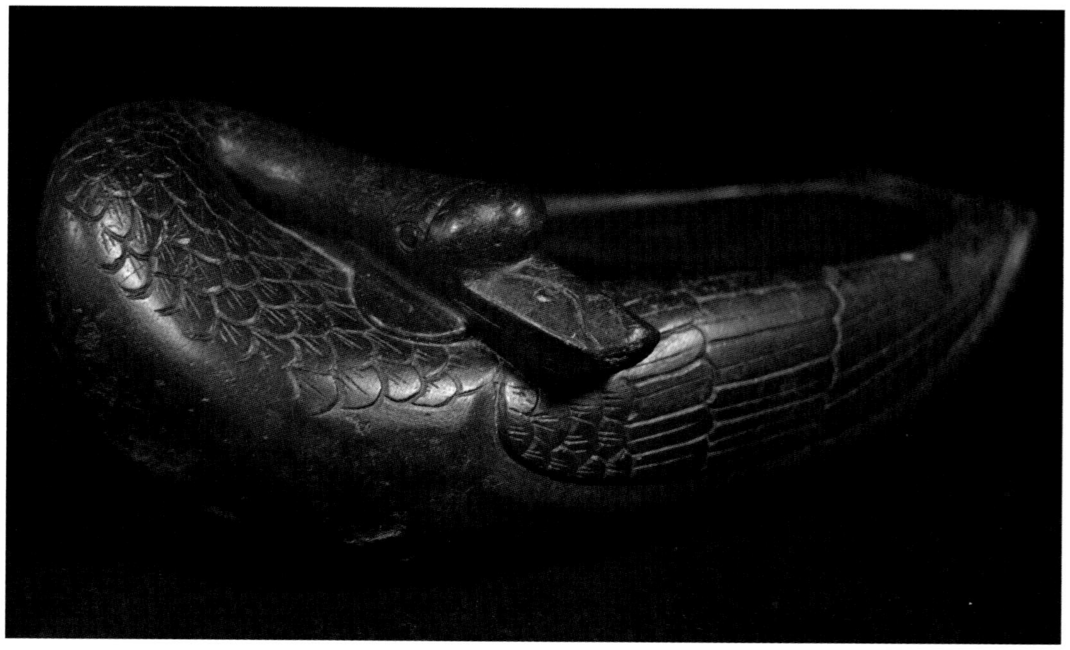

原銘：煮石山農寫梅研。

刻銘：古澄泥研取鵝之形，得其曲項恬靜之態。歲在癸巳春月，沽上真水園主人孫家潭銘。
此硯署款“煮石山農”與元人王冕同號，并刊有“寫梅”兩字，觀其時代久遠，其一切皆順理成章矣。丙申吉日，沽上慶堂主人孫家潭又記于燈下。
真水園主人賞玩（印章）

簡述：是硯仿生作鵝形樣，鵝背開月牙池，連接橢圓形硯堂。鵝作卧姿，鵝首回轉呈曲頸盤繞，體態恬静安詳。其額頭、圓目、扁嘴，與周身翎羽刻畫生動。澄泥呈深紫紅色，老皮熟舊。

拾肆　澄泥蝦頭紅超大仿生鵝形硯

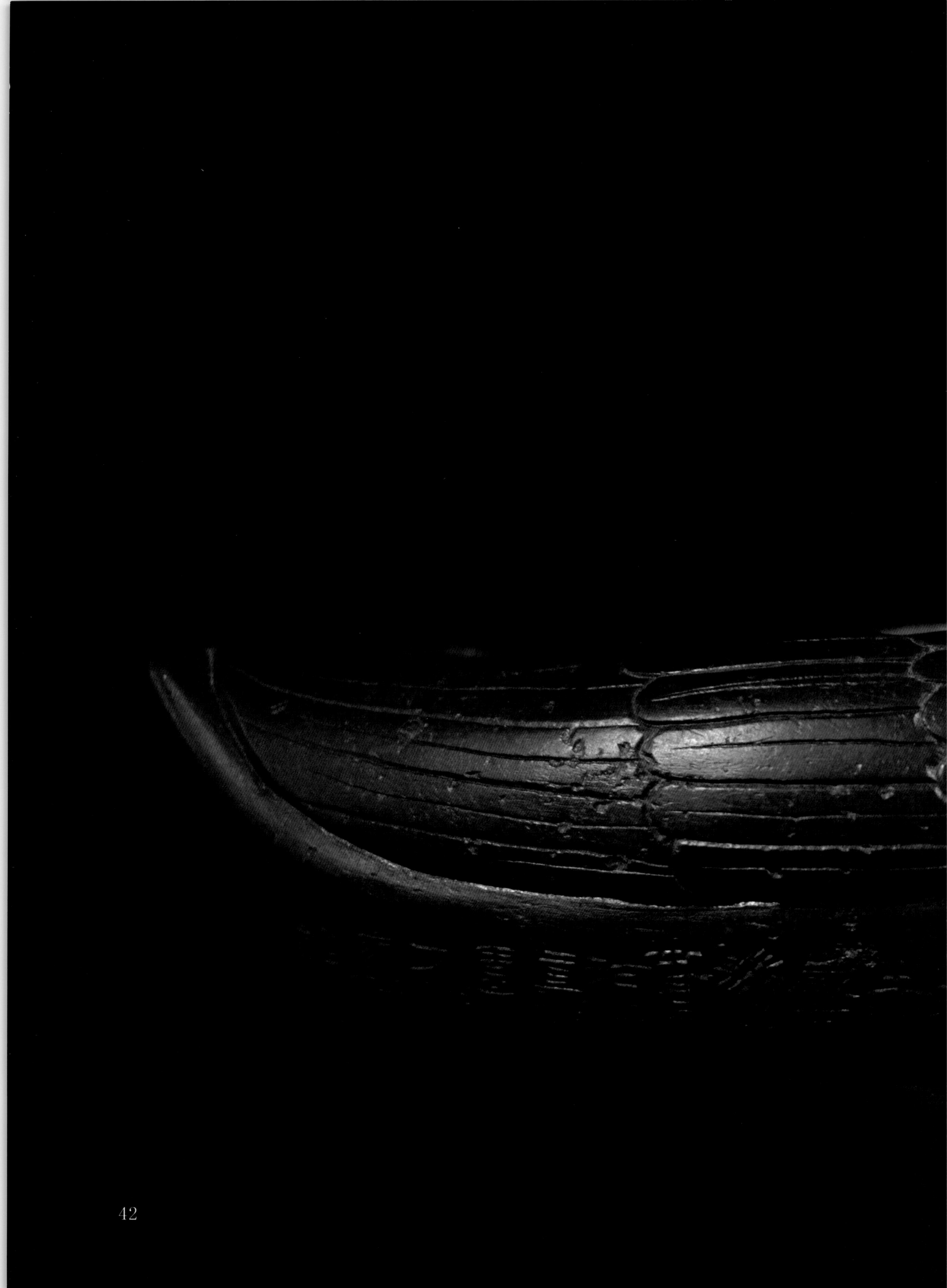

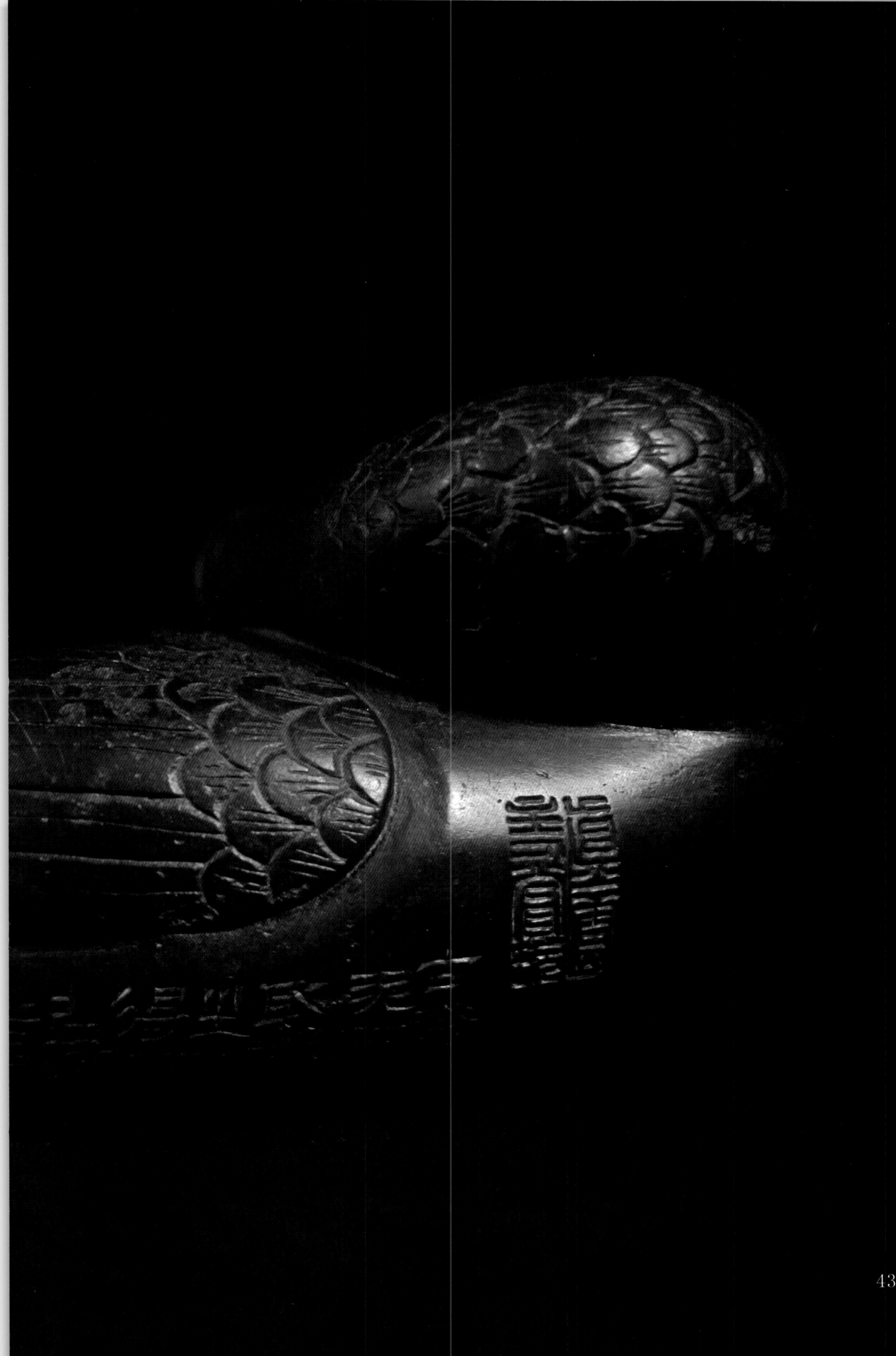

拾肆　澄泥蝦頭紅超大仿生鵝形硯

拾伍

黑石硯磚

長 206毫米
寬 118毫米
高　45毫米

刻銘：奮勵，擬金文筆意集之，乙未慶堂主人孫家潭。
　　　大吉、孫、非葉、真水園主人珍藏（印章）

簡述：是硯磚長方形樣，石呈烏黑色，光澤油潤，邊角
　　　有磕碰，觀之規整、厚重、端莊。

拾陸

歙州石超大太史硯

長 258毫米
寬 150毫米
高　40毫米

刻銘：蘭草已成行，山中意味長。
堅貞還自抱，何事鬥群芳。
鄭板橋題蘭，癸巳孫家潭銘。

蓋銘：“壽”字一組。

簡述：是硯長方形樣，硯面開深池，池壁直落，硯岡高凸，整體修長，硯側四邊內斂，硯背內墻挺括。尺寸超大，老坑質料上佳，光澤如玉，形制簡約。

拾陸　歙州石超大太史硯

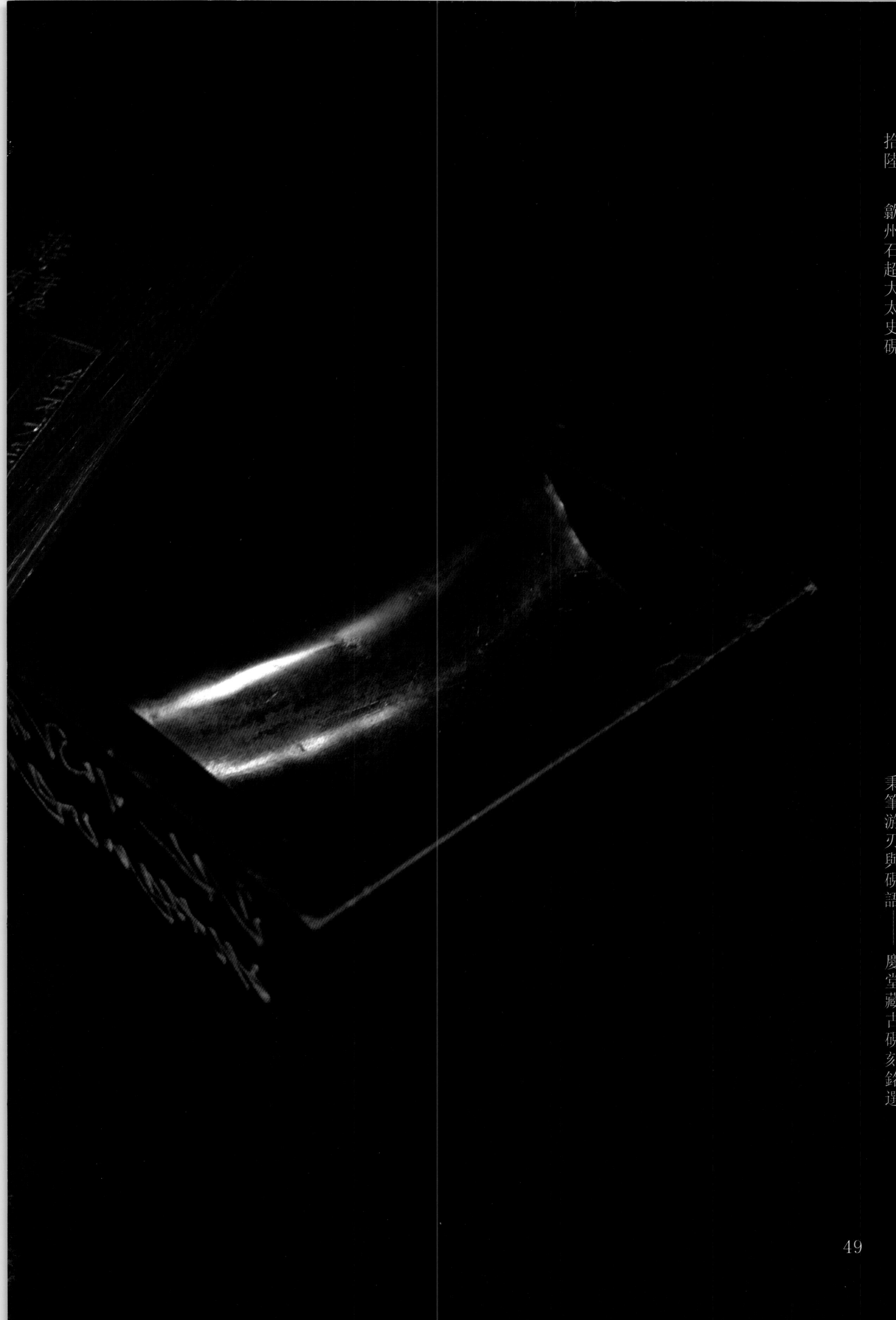

拾陸　歙州石超大太史硯

拾柒

端州石硯磚

長 184毫米
寬 118毫米
高 36毫米

刻銘：端人正士，丁酉春月慶堂孫家潭銘。
余喜古硯收藏，自書自刻作銘，意與古會，慶堂燈下記。

簡述：是硯磚長方形樣，石呈紅褐色，形體方正，邊角有輕微磕碰，老皮。

拾捌

歙州石巨大太史硯

長 310毫米
寬 180毫米
高　62毫米

刻銘：一日三摩挲，劇于十五女。余喜古硯收藏，并自書自刻作銘，意與古會也！研者，藏文人之心，其與文最近，與藝最合，與藏最精，此乃古人用情最深之物耳。慶堂孫家潭白。

簡述：是硯長方形樣，硯面開池深，池壁直落，硯岡高凸，硯面作寬邊。硯側四邊内斂，硯背内墻平整，整體觀察，綫面挺括，油潤光亮，通體形神簡約。其質料、品相、巨大形制，傳世稀少。

拾捌　歙州石巨大太史硯

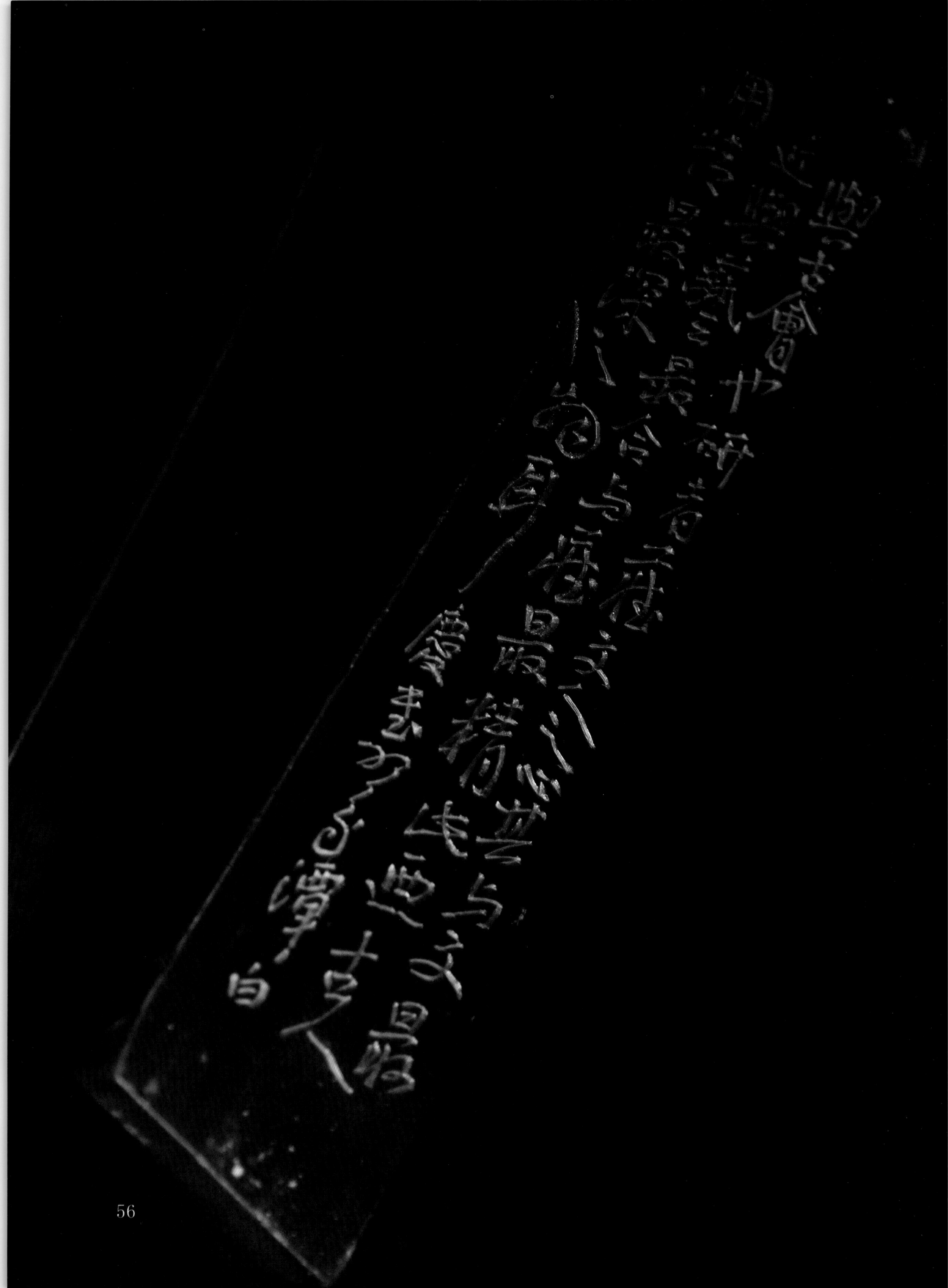

壹 · 慶堂藏古硯刻銘

❷ 明時期

拾玖

歙州石覆瓦硯

長 170毫米
寬 106毫米
高　44毫米

刻銘：弄瓦、道在瓦甓、不成三瓦、弄章之喜、月如仰瓦不求自下、鄴瓦、竹瓦三尺廬、一片青瓦一個家、慶堂（印章）。
文門。
此研得之杭城，慶堂寶之。予作文門殘瓦銘：一塊老瓦研，刊印與我行。瓦研記世事，文門殘瓦銘。瓦，古有之，瓦研傳文天下，以文門故名銘耳。莫知我勩，錫以佳名也。歲次庚子春分後三日，賦以文思，刊以文字，得以文懷也。孫慶堂。

簡述：是硯作覆瓦形樣，硯面開月牙形池，沿池邊減地起綫作橢圓形硯堂。瓦硯上下兩端截面微凸并向内收，瓦硯拱形兩側硯墻有老殘，但仍能平穩擺放。整體觀察，此瓦硯綫面挺括，雖損猶全。

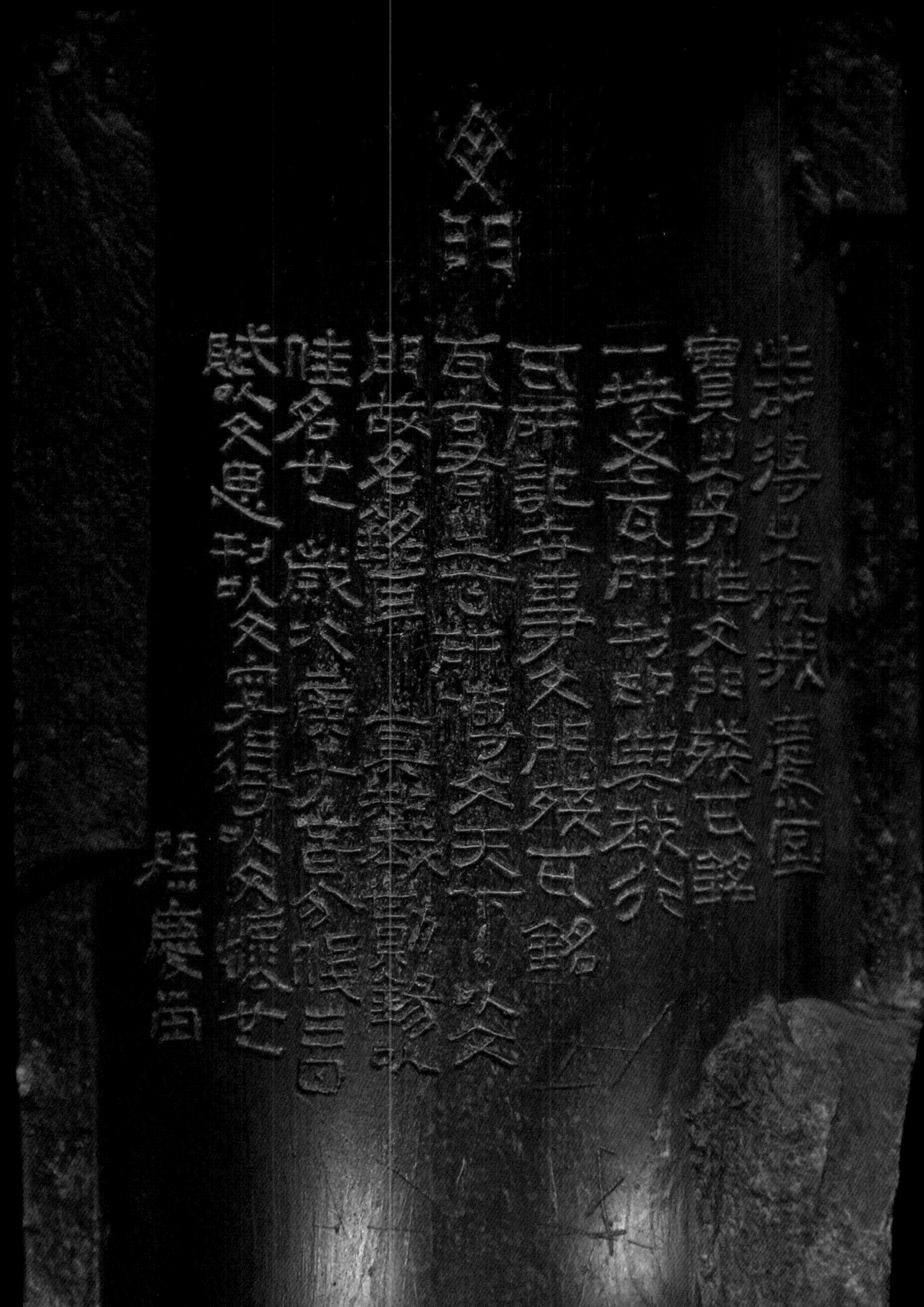

贰拾

歙州石太史硯

長 165毫米
寬 98毫米
高 30毫米

刻銘：墨池飛出北冥魚。擬李白詩句作硯銘，歲在庚寅。余藏此硯，滿心歡喜。沽上慶堂主人孫家潭手鑿并記。
慶、堂（印章）

蓋銘：墨池飛出北冥魚，丙申吉日慶堂銘。

簡述：是硯長方形樣，硯面開池斜坡狀，硯岡處減地雕刻一蒼鷹，蒼鷹周邊與硯池邊飾海水紋，硯堂微凹，石呈清灰色，硯背内墻平整。北冥魚，典出《莊子集釋》卷一上《内篇•逍遥游》：北冥有魚，其名爲鯤。鯤之大，不知其幾千里也。化而爲鳥，其名爲鵬。鵬之背，不知其幾千里也。……鵬之徙于南冥也，水擊三千，摶扶摇而上者九萬里，去以六月息者也。後遂以“北冥魚”比喻指志向或前程遠大。此硯寓意深遠。

貳拾　歙州石太史硯

貳拾壹

端州石（白端）太史硯

長 163毫米
寬　92毫米
高　35毫米

刻銘：石墨相着而黑，端石古有白，君子自明其理，何須用我多言。甲午慶堂作此銘自嘲耳。

簡述：是硯長方形樣，硯面開一字池，硯堂磨痕深凹，邊緣有磕碰痕迹，硯背挺括。質地温潤，硯面間有紅絲格綫，石呈微黄色。

甲午慶堂作此自嘲耳

貳拾貳

紅石太史硯

長 185毫米
寬 103毫米
高　35毫米

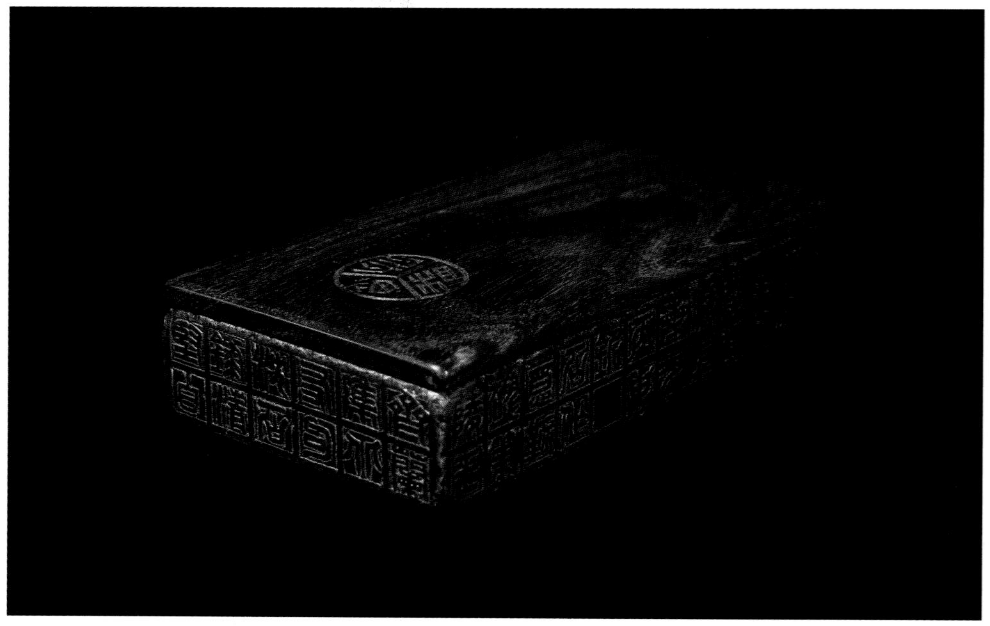

刻銘：文曰：欲補天，誰煉石，身未化，志在刻，日月蝕，石不泐，一寸心，共堅白。録清沈石友句，集北齊蘭陵王碑筆意勒石作銘。丙申春月沽上慶堂主人孫家潭刊。

蓋銘：長相思。

簡述：是硯長方形樣，硯面開繭形深池，石質温潤，石呈色深紅，撫之光滑如玉。

貳拾貳　紅石太史硯

貳拾叁

端州石碩大五福硯

長 255毫米
寬 232毫米
高　37毫米

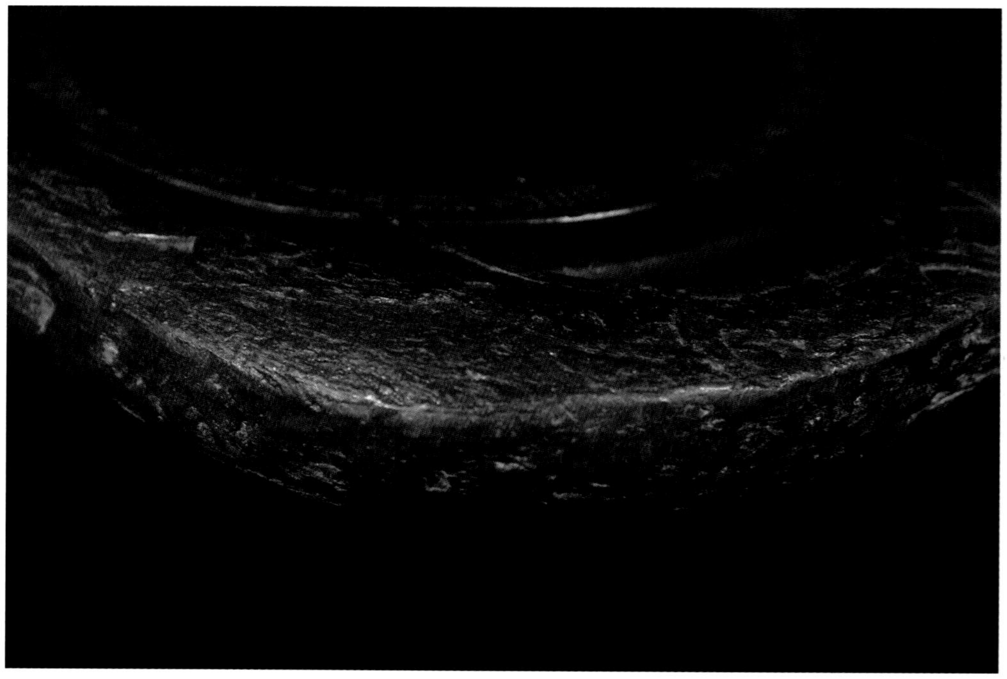

刻銘：石不能言吾能言，吾言本是一古硯。文案自古多奇事，不負相思傳永年。乙未秋慶堂作銘。

簡述：是硯橢圓形樣，硯面開深月牙池，硯堂作圓形，周邊淺浮雕蝙蝠五隻，寓意“五福”。此端石老坑，呈深紫色，石皮斑駁，尺寸碩大，滿目滄桑。

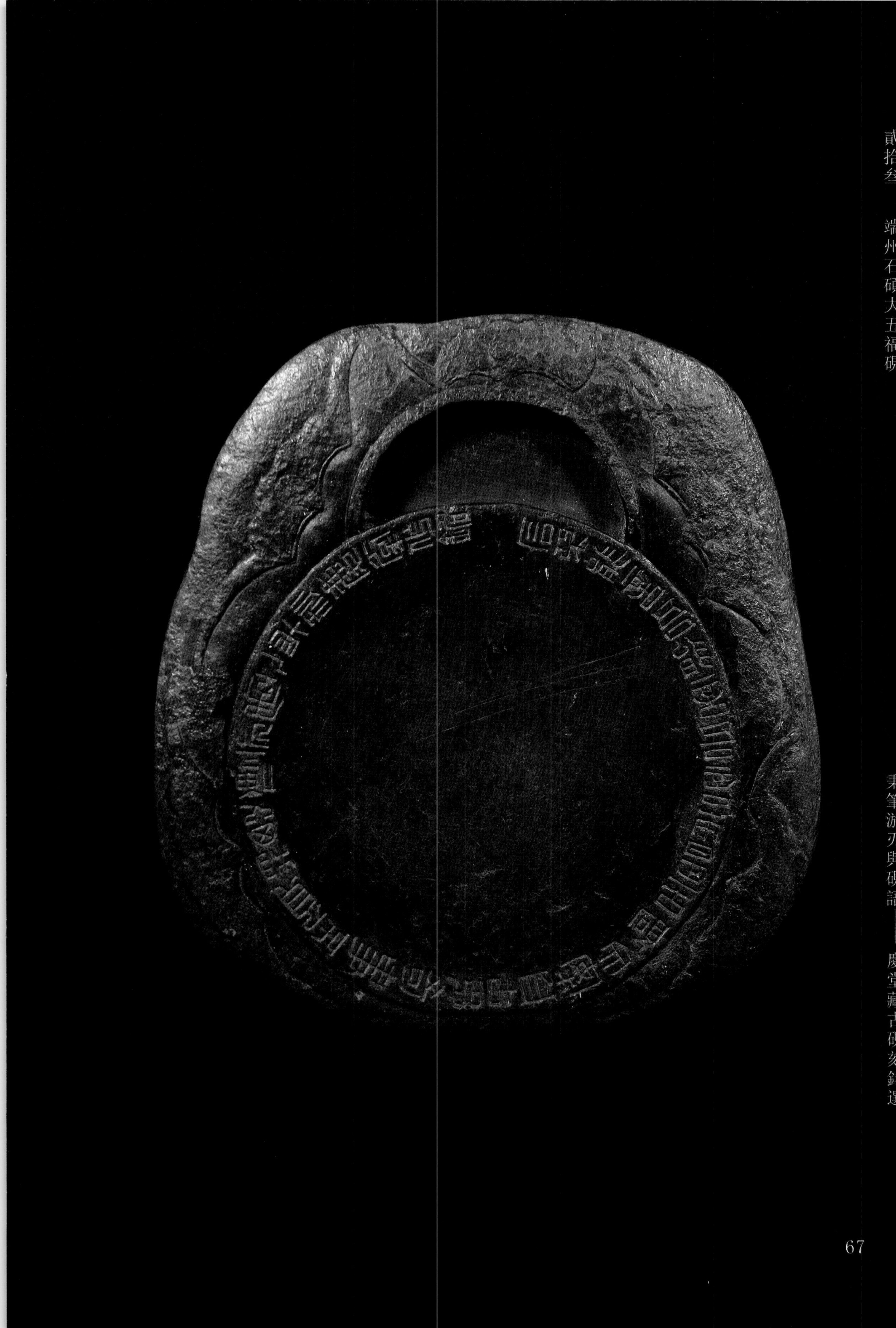

貳拾叁　端州石碩大五福硯

貳拾肆

澄泥蝦頭紅如意池硯

長 184毫米
寬 105毫米
高 48毫米

刻銘：慶堂、足吾所好玩而老焉、真水園主人賞玩（印章）

簡述：是硯長方形様，硯面開如意池，硯側四面内斂，石呈暗紅色，硯池内與邊緣呈黑紫色，整體厚實。

貳拾肆　澄泥蝦頭紅如意池硯

贰拾伍

端州石硯板

長 154毫米
寬 100毫米
高 20毫米

刻銘：大樸不斫，乙未五月慶堂孫氏作。

簡述：是硯板長方形樣，一面紋理如玄武，一面如紫袍，石品豐富，小器大樣，氣象宏遠。

貳拾陸

菜花玉石仿生鹿形硯

長 210毫米
寬 130毫米
高 65毫米

刻銘：大、吉、祥、天津、土城孫氏、後人、
慶堂主人孫家潭、藏、乙未、秋（印章）

簡述：是硯仿生作卧鹿樣，硯面于雙鹿角之間開印池，背負圓形硯堂，四肢彎曲，鹿首、耳目、口鼻刻畫清晰，作蹲卧姿，整體造型敦實。“鹿”通“祿”，寓意美好。菜花玉色沉着，古時用于製硯不多見。菜花玉産地于安徽安慶岳西，存量稀少。

貳拾柒

歙州石硯板

長 164毫米
寬 114毫米
高　25毫米

刻銘：一片蒼壁，時起雲烟。歙硯眉紋雲烟生。歲壬辰秋仲得此石手鑿作銘。沽上慶堂主人孫家潭。
真水園（印章）

簡述：是硯板長方形樣，硯板表面眉紋清晰可見，石呈青黑色，質堅而膩，邊角有磕碰。

貳拾柒　歙州石硯板

貳拾捌

歙州石太史硯

長 165毫米
寬　93毫米
高　22毫米

刻銘：漢有四靈印，吾作四靈銘。氣象多趣，慶堂大吉祥。“多”後遺“古”字，余大意也。慶堂孫家潭。
慶堂心賞（四靈印章）

簡述：是硯長方形樣，硯面開一字池，硯堂磨痕深凹，硯面魚籽紋清晰。

貳拾捌　歙州石太史硯

貳拾玖

端州石（白端）太史硯

長 155毫米
寬 84毫米
高 24毫米

刻銘：白璧在手，以省吾心矣。真水園孫家潭作銘。

簡述：是硯長方形樣，白端石質如玉，硯堂內有兩處磨痕明顯。

貳拾玖　端州石（白端）太史硯

叁拾

大沱石花池小硯

長 137毫米
寬 78毫米
高 16毫米

刻銘：深凹一池文人墨，至貞三閭大夫心。慶堂之寶。

簡述：是硯長方形樣，硯面開花池，硯石灰黑色間有花斑，石質細膩，硯雖小，池尤精，琢磨一流。大沱石産于歸州，遺世古硯中不多見。

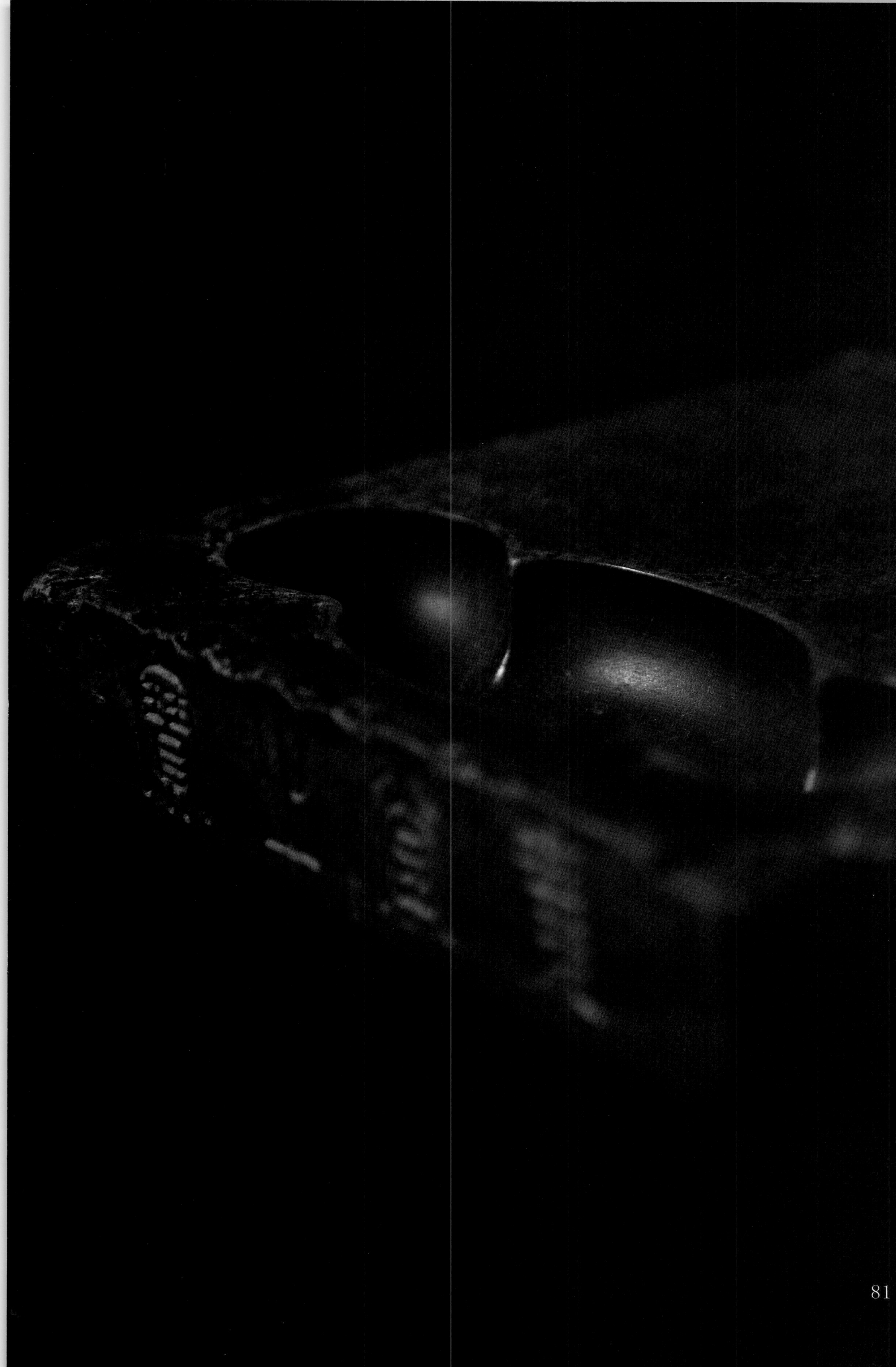

叁拾　大沱石花池小硯

叁拾壹

歙州石太史硯

長 175毫米
寬　86毫米
高　25毫米

刻銘：善其身。窮則獨善其身，孟子語。今作此硯銘用以自省，
　　　慶堂孫家潭。
　　　大吉、慶堂（印章）

簡述：是硯長方形樣，硯面開一字池，硯堂微凹，硯石細膩，
　　　石呈黑灰色，硯體四側内斂。

叁拾壹　歙州石太史硯

叁拾貳

歙州石龍紋硯

長 175毫米
寬 125毫米
高 38毫米

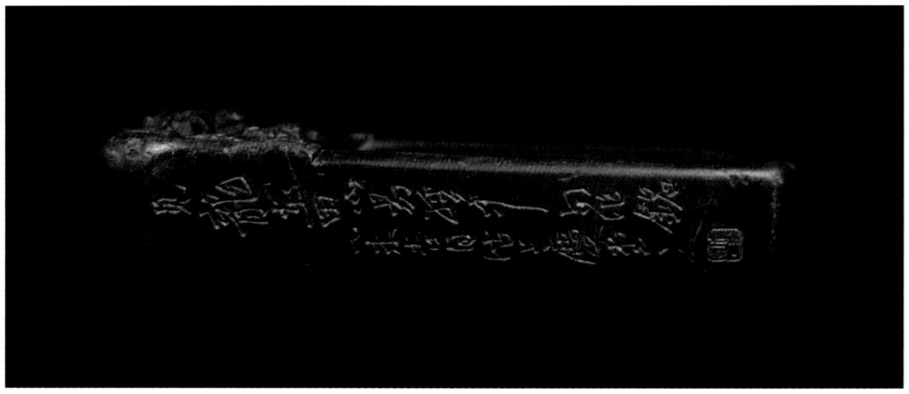

刻銘：見龍在田，以《易經》中句作銘。乙未吉日沽上慶堂主人。
真水園主人賞玩、真水園主（印章）

簡述：是硯長方形樣，硯面上端正中雕刻龍首，其下減地鏤空處爲硯池，硯岡凸顯，兩側凸邊。龍首周邊飾祥雲朵朵，龍角、目、鼻、口、鬚髮，一爪、一尾凸顯，雲蒸霞蔚，一派威嚴氣象。

叁拾贰　歙州石龍紋硯

叁拾叁

歙州石硯板

長 163毫米
寬 102毫米
高 27毫米

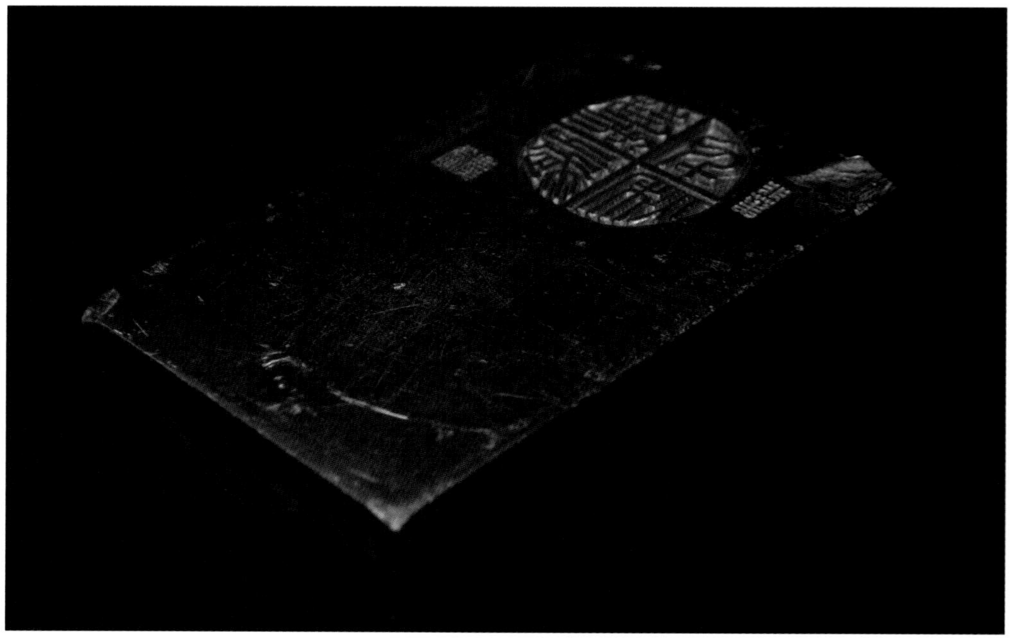

刻銘：千秋萬歲（仿漢瓦當）
　　　非葉、慶堂（印章）

簡述：是硯板長方形樣，表面呈眉紋，紋理有折光感，石質光潤細膩。

叁拾叁　歙州石硯板

叁拾肆

歙州石如意池乳足硯

長 206毫米
寬 110毫米
高　30毫米

刻銘：《老子》二十八章：知其白，守其黑，爲天下式。文人當以德立身，不改其樂，不忘初心。甲午慶堂銘。

簡述：是硯長方形樣，硯面開如意池，硯堂微凹，表面眉紋清晰，有折光感，形體修長。四邊内斂，背作三足式，綫條簡練，神形俱佳。

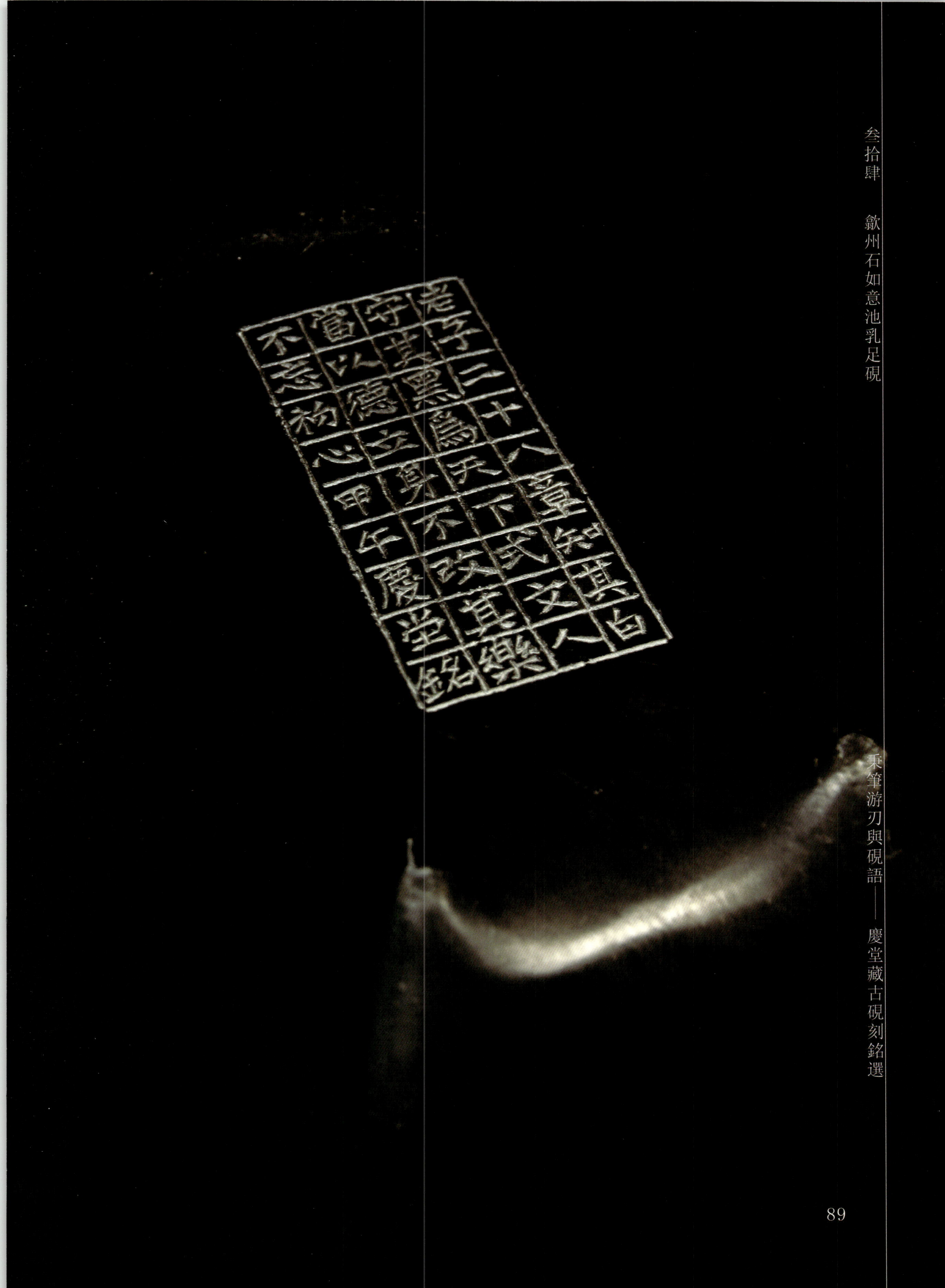
老子二十八章知其白
守其黑為天下式文人
當以德立身不改其樂
不忘初心甲午慶堂銘

叁拾伍

歙石方池小硯

長 113毫米
寬　83毫米
高　34毫米

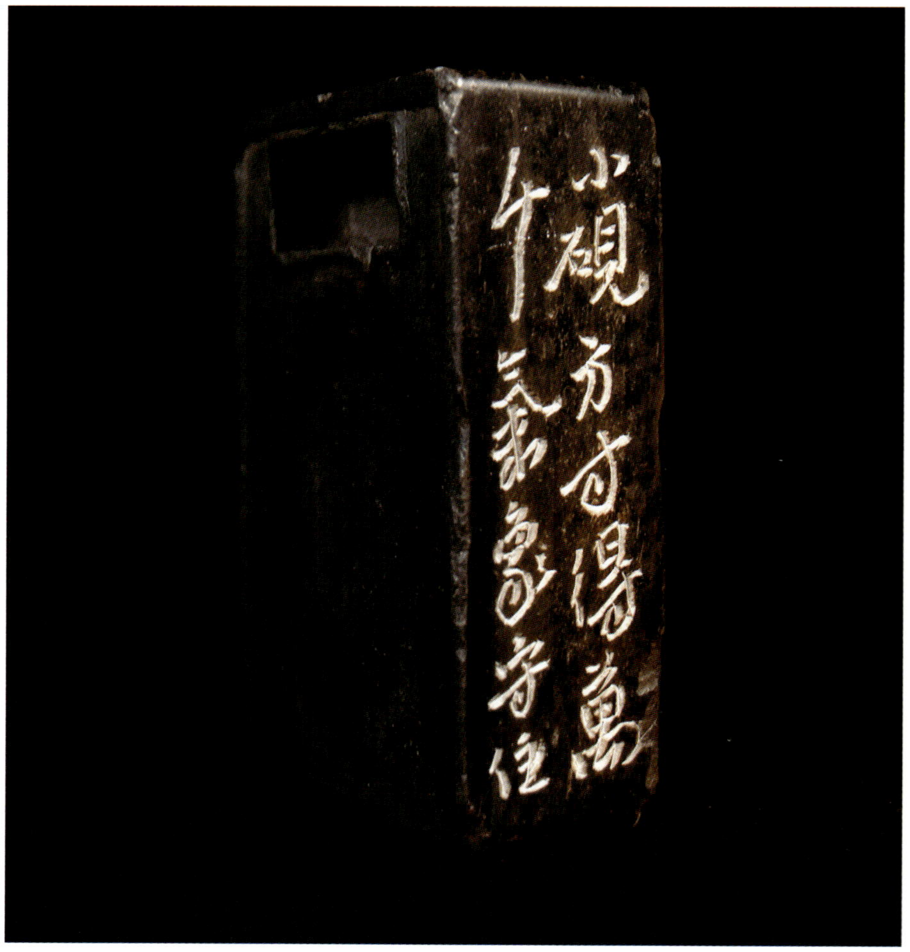

刻銘：小硯方寸，得萬千氣象！守住寂寞，與我同行。孫家潭白。

蓋銘：大觀，慶堂主人孫家潭。

簡述：是硯長方形樣，硯面開方池，池邊、硯面四邊起唇綫，覆手平整。坑石，石呈烏黑色。小器大樣，敦實厚重，後配天地蓋。

叁拾伍　歙石方池小硯

叁拾陸

歙州石雲池小硯

長 113毫米
寬　53毫米
高　16毫米

刻銘：一片雲根，鑿成雲硯。吉祥止止，如面先賢。慶堂孫家潭白。

簡述：是硯長方形樣，硯面開祥雲池，邊緣起唇綫，硯堂微凹，形體修長。老坑石，形神卓約，一掌可玩。

叁拾陸　歙州石雲池小硯

叁拾柒

端州石橢圓形門字大硯

長 252毫米
寬 192毫米
高 28毫米

刻銘：長樂未央延年永壽昌。
真水園主人（印章）
長樂未央千秋萬世昌，擬漢瓦文祝詞集句，歲次丙申春西泠印人孫家潭作銘并記于沽上慶堂之南窗。
大吉、慶堂主人藏（印章）

簡述：是硯橢圓形樣，門字形，硯面開月牙池，硯岡凸出，周邊内斂，覆手平整，尺寸大，石呈深褐色，硯面斑駁，有滄桑感。

叁拾柒　端州石橢圓形門字大硯

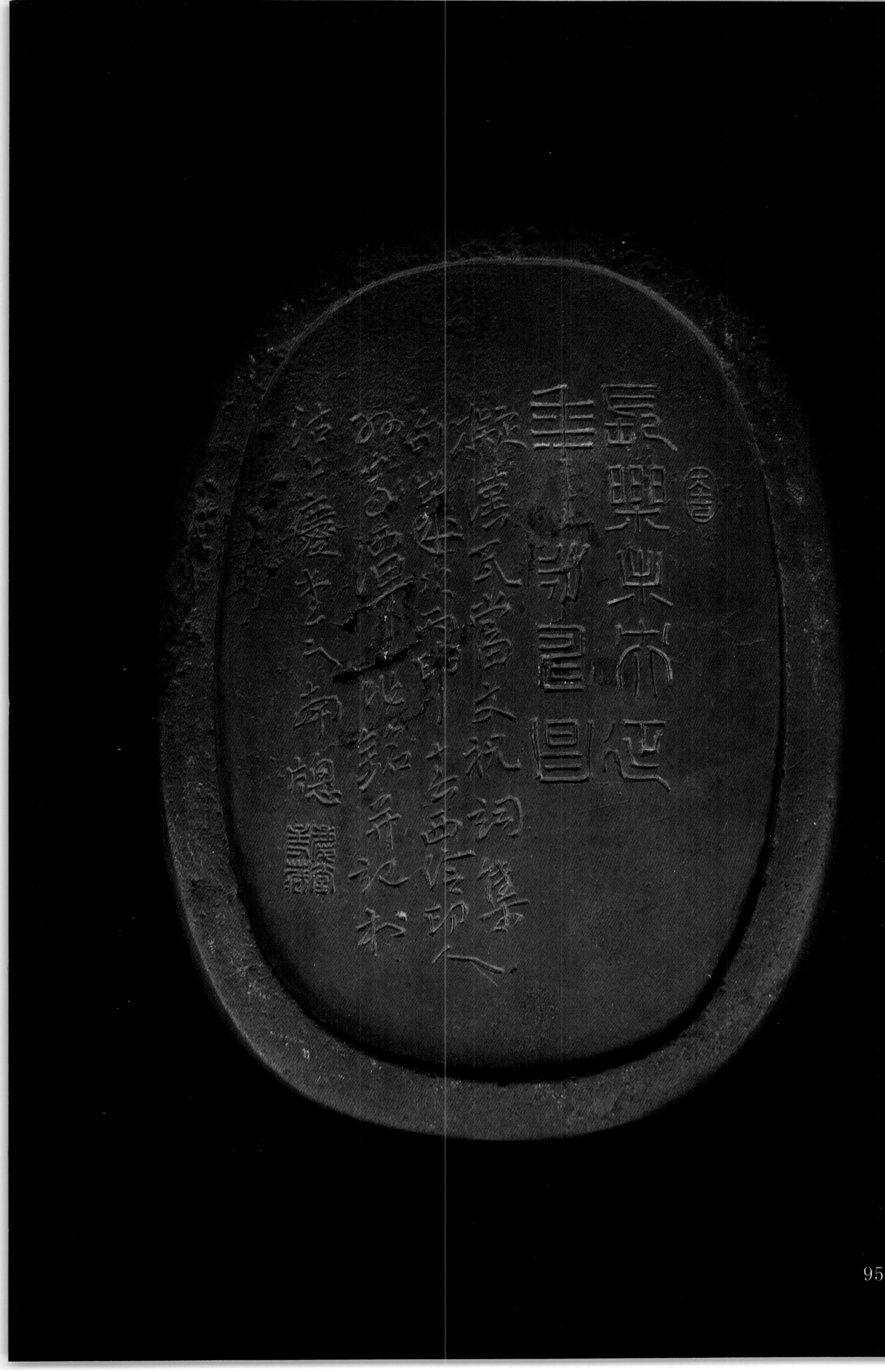

叁拾柒　端州石橢圓形門字大硯

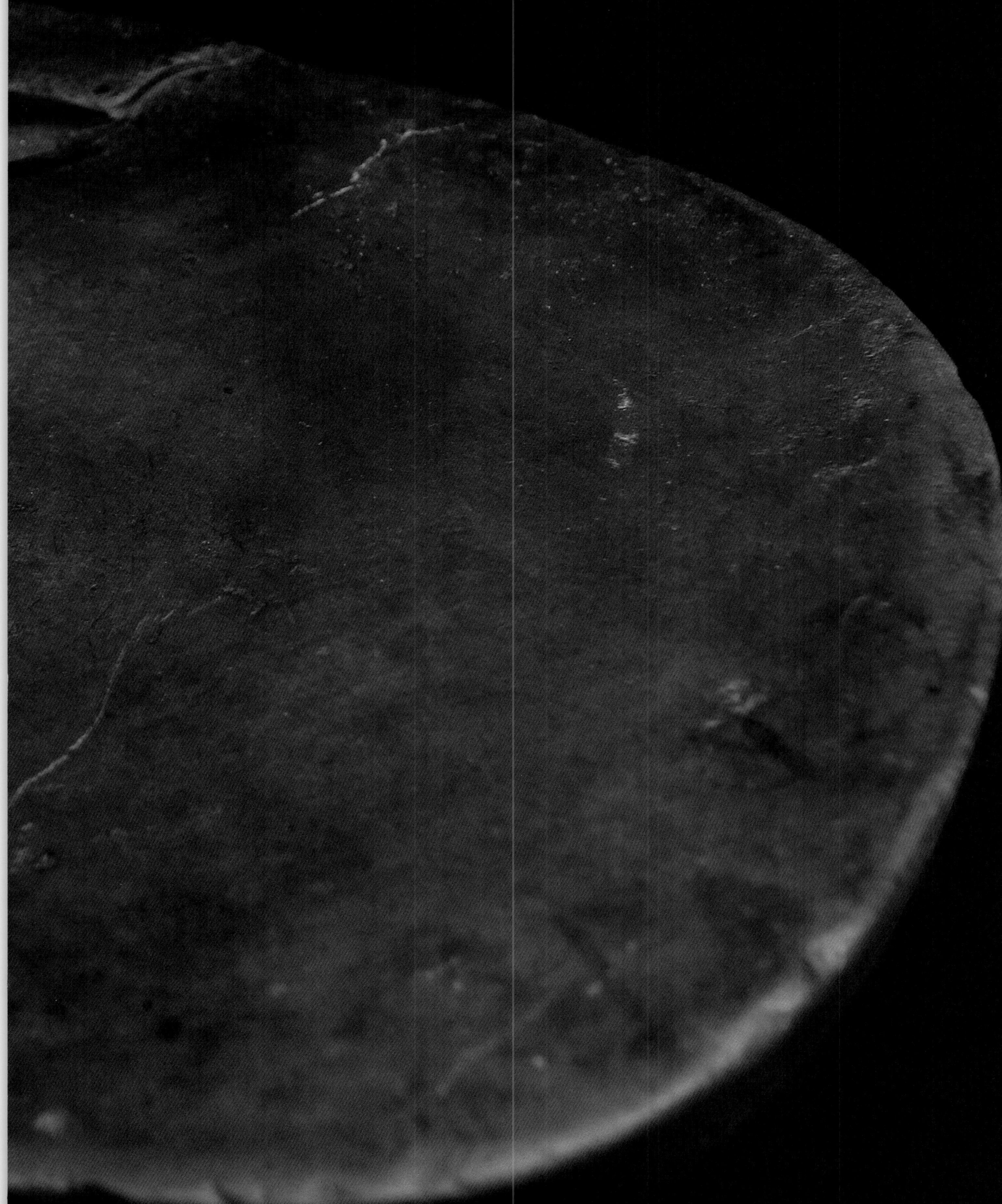

叁拾捌

歙州石超大雲龍太子硯

長 268毫米
寬 162毫米
高 50毫米

原銘：老坑石

硯銘：見龍在田，利見大人。擬甲文筆意集句。見龍在田，利見大人。語出《易經•乾卦•九二》。以此作龍硯之名，歲丁酉菊月慶堂孫家潭。
老潭（印章）

簡述：是硯長方形樣，硯面開深池，池内雕刻雲龍横卧，硯池中央飾火珠，寓意“雲龍戲珠”。是硯超大，質料、刻工精良。配有原天地木蓋。

叁拾捌　歙州石超大雲龍太子硯

叁拾玖

歙州石超大雲龍太子硯

長 290毫米
寬 162毫米
高　50毫米

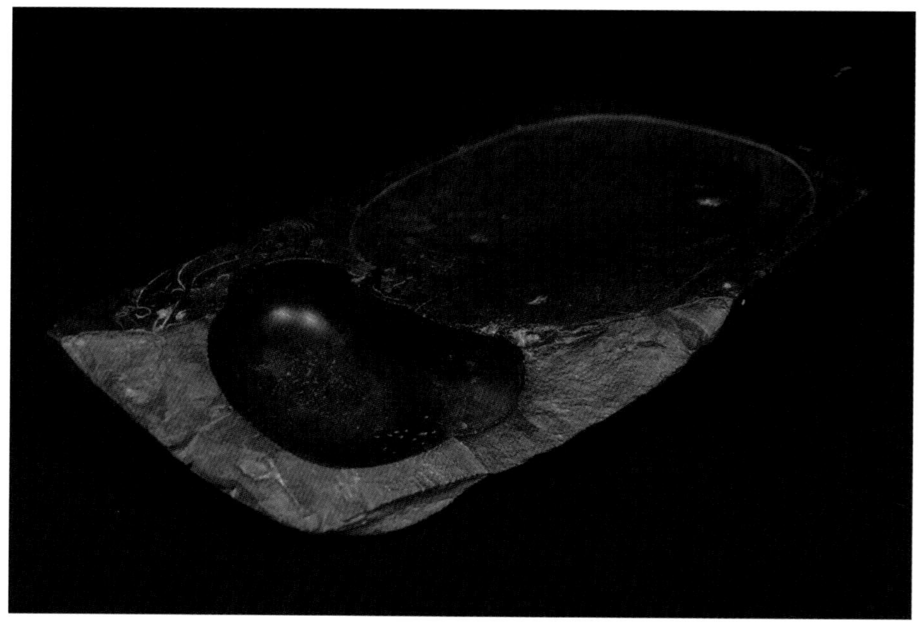

刻銘：未濟終焉心縹緲，百事翻從缺陷好。吟道夕陽山外山，
古今誰免餘情繞。世事皆非圓満。
己亥秋月余得此殘硯，大樸也！今集句作四體書銘是硯。
沽上慶堂孫家潭白。
未濟、慶堂（吉祥隆盛）之寶（印章）

簡述：是硯長方形樣，硯面開如意深池，硯池左上側老殘，右
側池邊綫刻螭龍紋，硯堂橢圓形。硯背殘處有鋸釘痕迹，
三足高凸，氣勢弘遠。

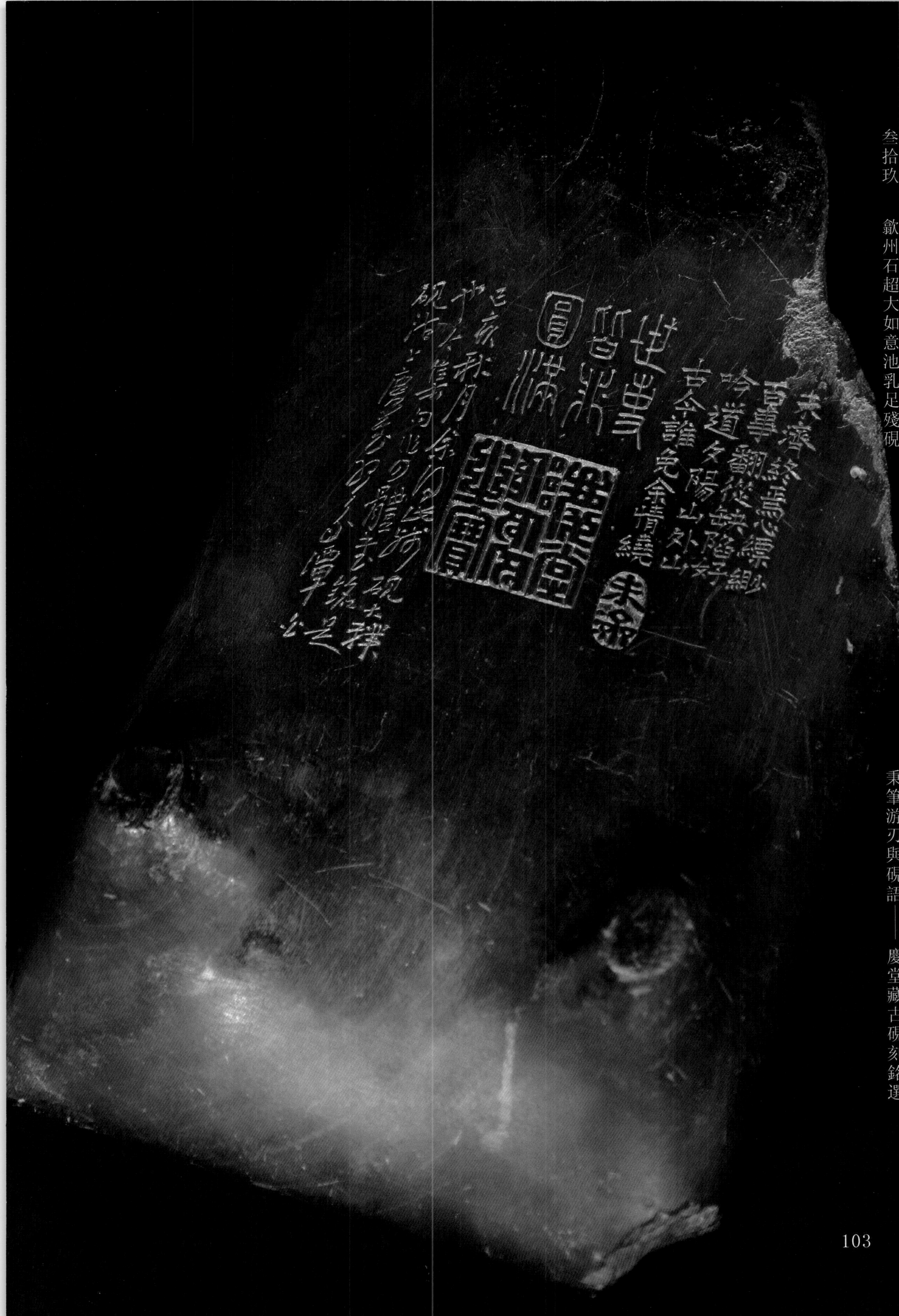

叁拾玖　歙州石超大如意池乳足殘硯

肆拾

澄泥鱔魚黄橢圓形馬蹄硯

長 182毫米
寬 132毫米
高　74毫米

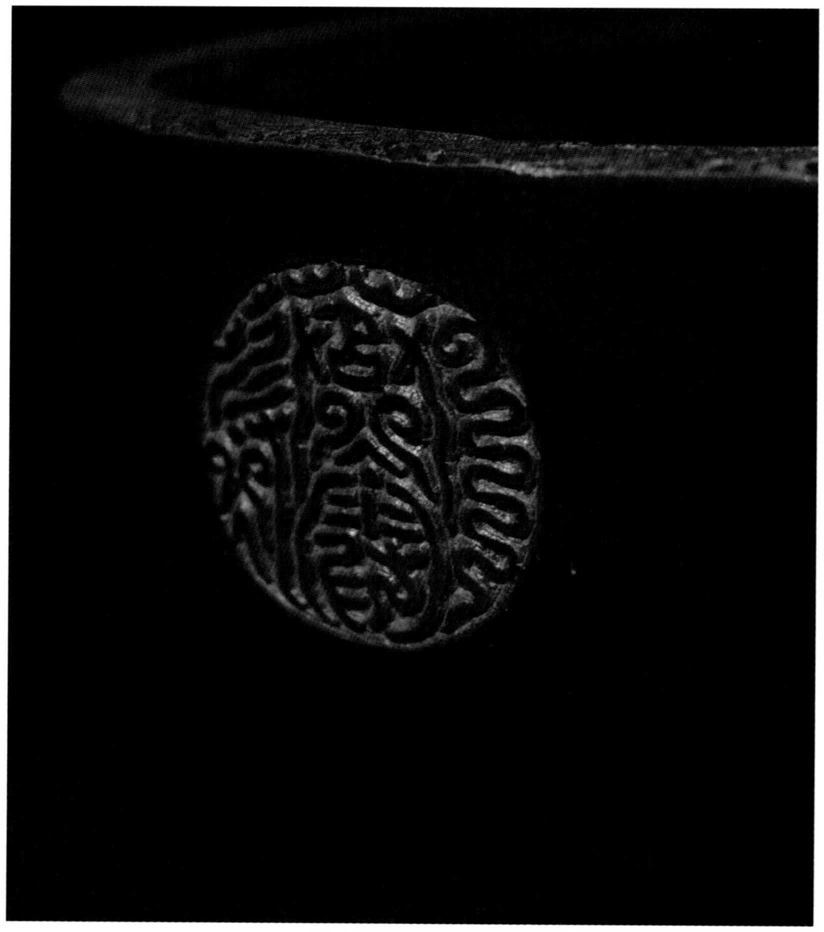

刻銘：雲蒸霞蔚。
慶堂（印章）

簡述：是硯橢圓形様，硯面開月牙形池，硯岡處有爆皮，硯面窄邊凸起，飾雲水紋，刻畫一任自然。通體呈典型鱔魚黄色，覆手呈深斜坡狀，其超高比例與老皮陳年包漿，凸顯了其厚重、端莊、古雅，確爲文房尤物。

肆拾　澄泥鱔鱼黃橢圓形馬蹄硯

肆拾　澄泥鱔魚黃橢圓形馬蹄硯

肆拾壹

歙州石風字形乳足硯

長 180毫米
寬 115毫米
高　40毫米

刻銘：藏一方古硯如守一位佳人。
慶堂、君子以常德行習教事（印章）
慶堂。

簡述：是硯作“風”字樣，硯面開深池，硯岡高凸，周邊起唇邊，綫條圓潤挺括，背呈三足。石呈青黑色，質地細膩潤澤，工藝一流。

肆拾貳

歙州石太極日月池太史硯

長 232毫米
寬 137毫米
高　51毫米

刻銘：道可道，非常道；名可名，非常名。無名，天地之始；有名，萬物之母。故常無欲，以觀其妙；常有欲，以觀其徼。此兩者，同出而异名，同謂之玄。玄之又玄，衆妙之門。《道德經》第一章。信言不美，美言不信。善者不辯，辯者不善。知者不博，博者不知。聖人不積，既以爲人己愈有，既以與人己愈多。天之道，利而不害。聖人之道，爲而不争。《道德經》八十一章。右録《道德經》第一與第八十一章作銘，集甲金文筆意，舊硯作新銘，余與古人游也。己亥慶堂孫家潭白。

簡述：是硯長方形樣，硯面開日月深池，硯堂減地雕刻呈長方形，周邊環繞開凹渠，間隔“八卦”圖紋。質料細膩，石呈青黑色。硯面右側有老殘，硯背作斜坡狀，左側硯墻下角有老補。整體觀察，是硯開池、凹渠、形工味道一流。此太極硯以“日月池”與“八卦”圖紋裝飾，其寓意高古。

肆拾貳　歙州石太極日月池太史硯

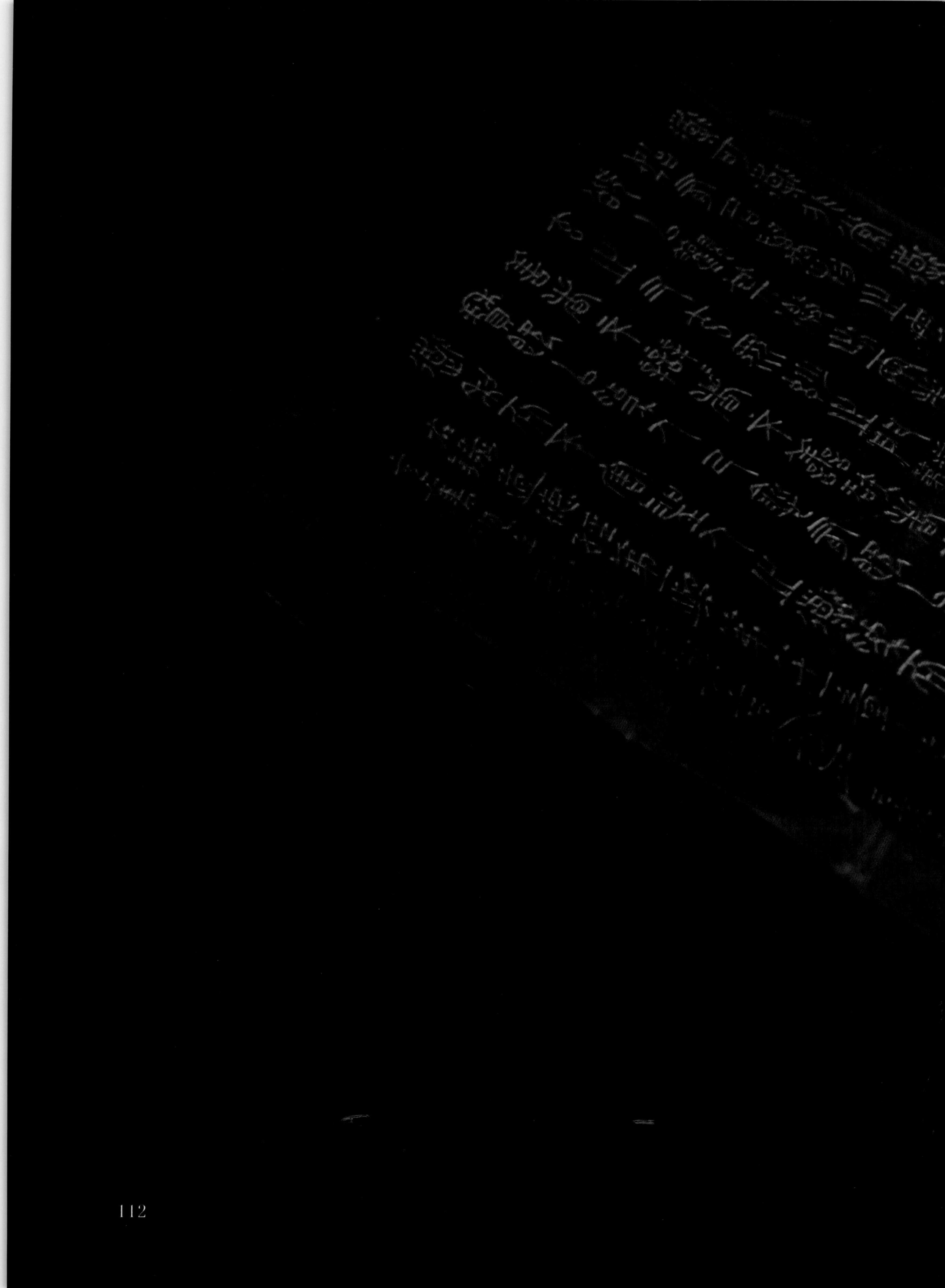

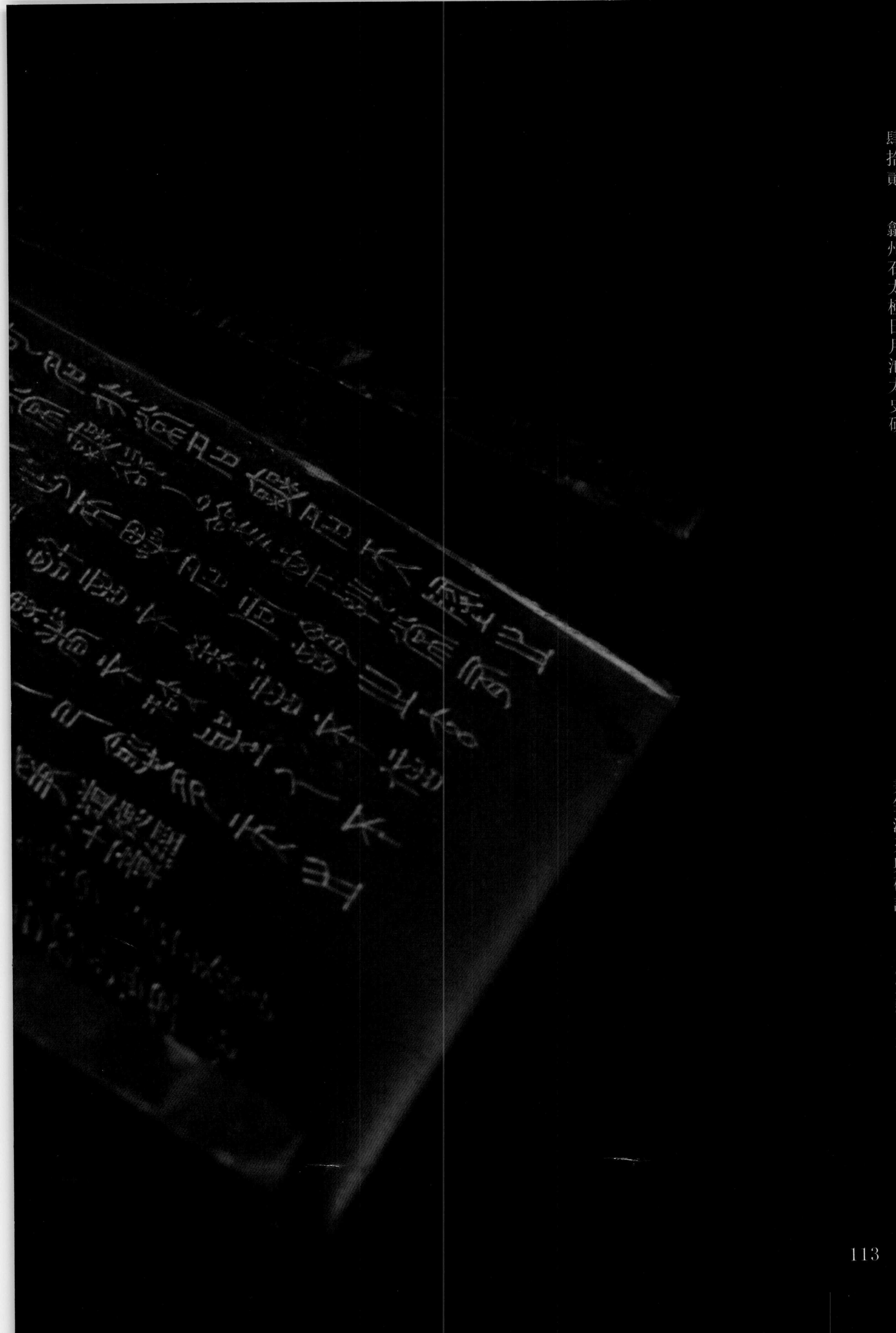

肆拾貳　歙州石太極日月池太史硯

肆拾叁

歙州石超大門字形太史硯

長 267毫米
寬 154毫米
高　39毫米

刻銘：集句成聯，文曰：入木三分筆奪魄，刊石萬象刀攝魂。
甲申春仲孫家潭銘。
大吉、天津土城孫氏後人珍藏、孫氏、家潭（印章）

蓋銘：潭深魚兒戲。

簡述：是硯長方形樣，硯面開門字形水渠并連接橢圓形池，兩側邊緣起凸邊，硯堂平整。硯背呈魚籽紋，石品典型。後配有木蓋。

肆拾叁　歙州石超大門字形太史硯

肆拾肆

端州石仿生竹節硯

長 160毫米
寬 115毫米
高　46毫米

刻銘：道生之，德蓄之，物形之，執成之。以《老子》句作銘。
辛丑三月，沽上慶堂孫家潭遣興。

簡述：是硯仿生作竹節形樣，硯面爲竹節剖開平面作硯堂，硯面邊緣起凸邊，兩側内收呈刻竹節狀。

肆拾肆　端州石仿生竹節硯

肆拾伍

歙州石一束蓮花太史硯

長 196毫米
寬 100毫米
高　35毫米

刻銘：妙法蓮花，如如不動。己亥年一月，慶堂孫家潭銘。

簡述：是硯長方形樣，開蓮花池，硯邊左側減地浮雕蓮葉、梗，下邊緣雕有蓮藕，整體爲一束蓮花。是硯雕刻精湛，尤以蓮花最爲經典，其花瓣相互疊置，層層深入，雖然是平面減地雕刻，却立體感凸顯，匠心獨到。硯石爲上乘龍尾石，唯硯堂有一處旋渦狀破損。整體觀之，此硯形體修長，寓意内涵，精工製作，一束蓮花硯款式，爲傳世古硯中大明譽品。

肆拾伍　歙州石一束蓮花太史硯

肆拾陸

端州石河圖洛書硯

長 216毫米
寬 126毫米
高 62毫米

刻銘：静如淑女若禪僧，清池雲烟起雲龍。束雲作筆海爲硯，書我龍文唱大千。老潭手鑿。
慶堂（印章）

簡述：是硯長方形樣，硯面開深池，墨池内減地高浮雕《龍馬負圖》。龍馬造型古拙生動，池底飾海波紋，波濤中龍馬踏浪而來，背負圖書，龍馬雕刻刀工精妙。硯池四面起凸邊，飾回轉連續紋并間隔有“八卦”圖紋，覆手深挖，中間高浮雕贔屭（老殘）負石碑，碑文：“玉，宋朝之寶。”河圖、洛書，是中國古代流傳下來的兩幅神秘圖案，爲漢族文化陰陽五行學説之源，記録于《尚書》《易傳》之中。《易•繫辭上》有：“河出圖，洛出書，聖人則之。”是硯端石老坑，尺寸大，刻工精，是古硯製作經典題材。

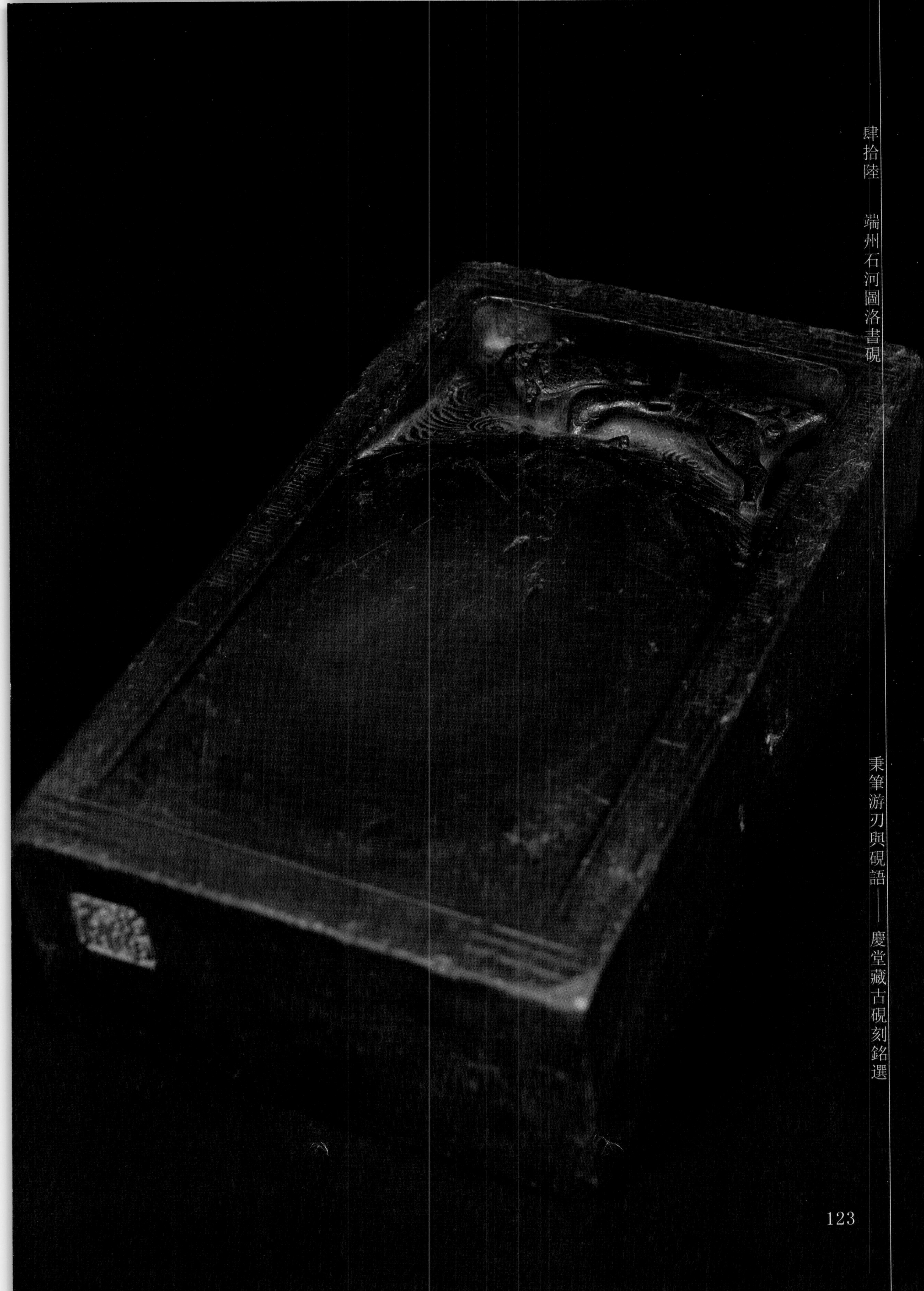

肆拾陸　端州石河圖洛書硯

肆拾陸　端州石河圖洛書硯

肆拾柒

黑石内禪太史硯

長 158毫米
寬　85毫米
高　40毫米

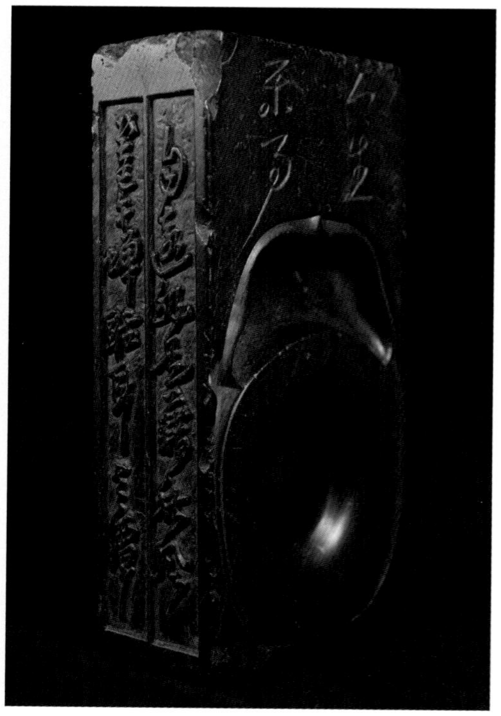

原銘：人生樂事。

刻銘：垂緌飲清露，流響出疏桐。居高聲自遠，非是藉秋風。癸巳午蟬聒耳，老潭。

蓋銘：銘天下，丙申慶堂。

簡述：是硯長方形樣，硯面開内禪形池，硯堂磨痕深凹。質料細膩光亮。後配有木蓋。

肆拾柒　黑石內禪太史硯

肆拾捌

端州石巨大海龍王高眼太史硯

長 264毫米
寬 160毫米
高　80毫米

原銘：含九天之雲雨，垂伯世之文章。子西。
宣和之寶（印章）

刻銘：孔子觀于魯恒公之廟，有欹器焉。孔子問于守廟者曰：此爲何器？守廟者曰：此蓋爲宥坐之器。孔子曰：吾聞宥坐之器者，虛則欹，中則正，満則覆。孔子顧謂弟子曰：注水焉。弟子挹水而注之。中而正，満而覆，虛而欹。孔子喟然而嘆曰：籲！惡有満而不覆者哉！子路曰：敢問持満有道乎？孔子曰：聰明聖知，守之以愚；功被天下，守之以讓；勇力扶世，守之以怯；富有四海，守之以謙。此所謂挹而損之之道也。録文作銘，慶堂。
土城孫氏、家潭之印（印章）

簡述：是硯長方形樣，硯面開深池，正中留有高柱石眼，硯岡高凸，于硯岡之上大面積浮雕龍首、海水紋，巨龍盤曲隱現海浪波濤之中，唯見一首一爪一麟而已。硯面周邊飾刻紋，邊角局部爆皮。質料細膩，石呈紫褐色，典型老坑石，左側硯墻有一角老殘。形、工、味俱佳，堪稱經典。

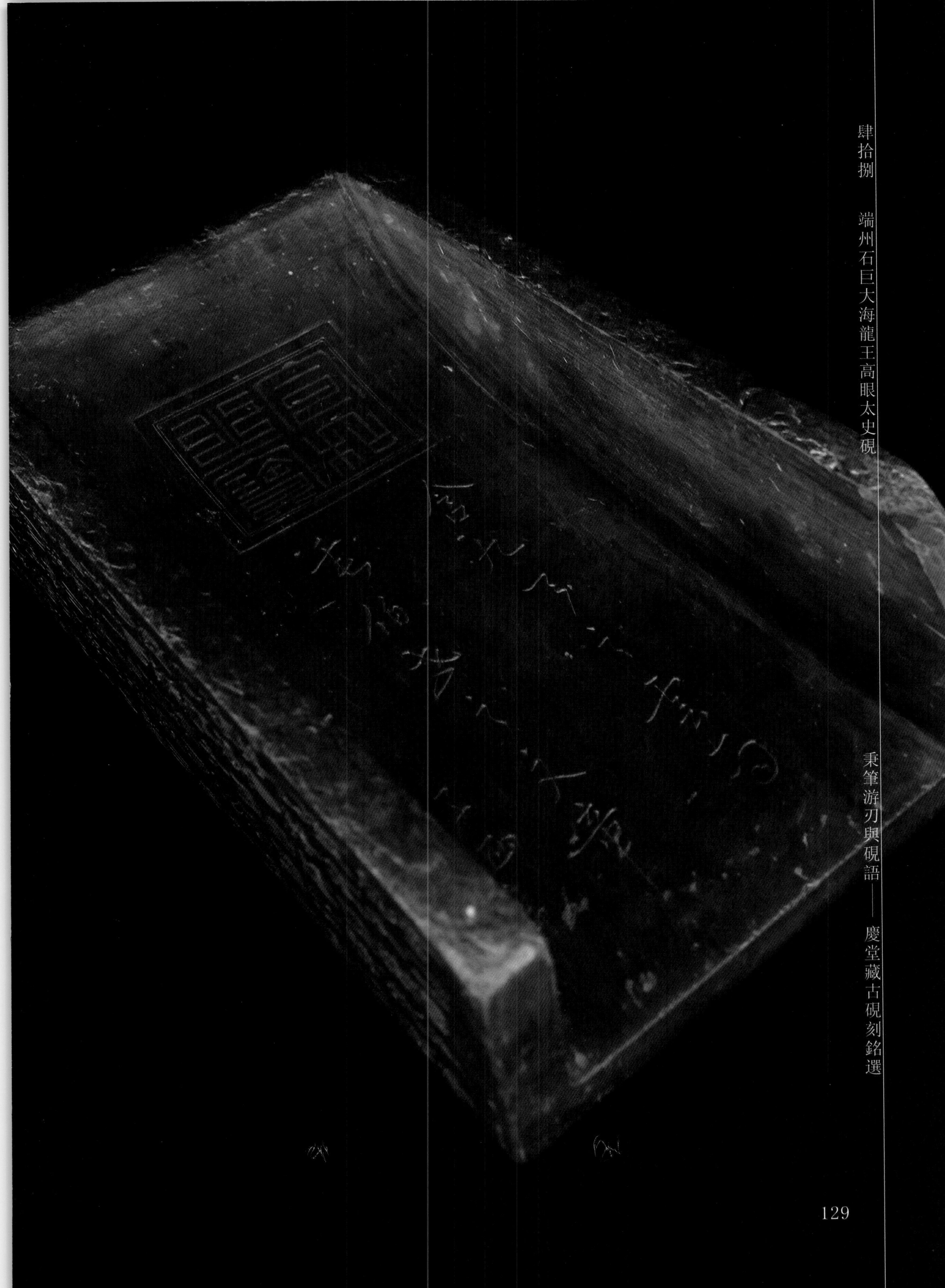

肆拾捌　端州石巨大海龍王高眼太史硯

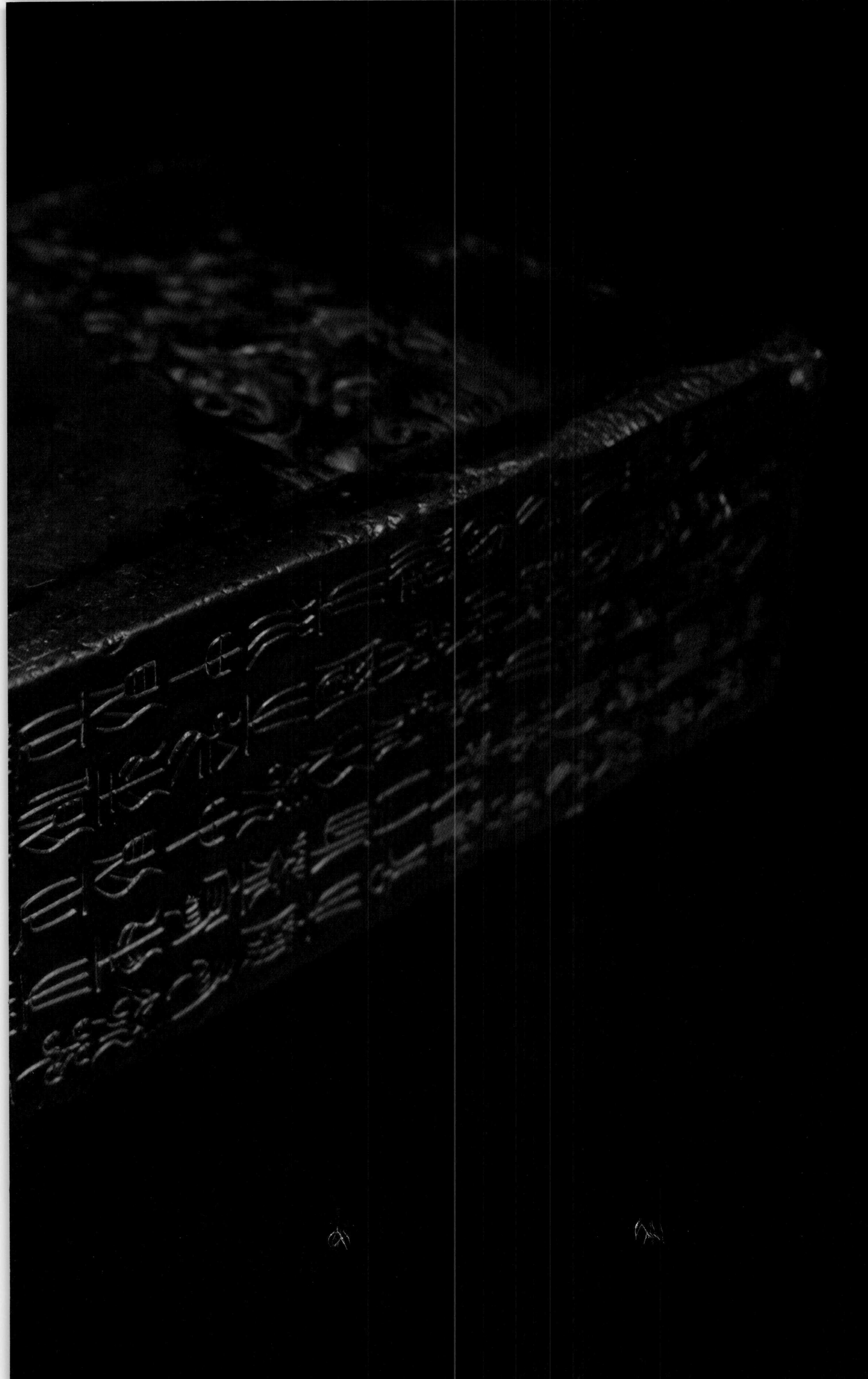

肆拾捌　端州石巨大海龍王高眼太史硯

肆拾玖

端州石魚化龍硯

長 166毫米
寬 108毫米
高　27毫米

刻銘：相思：相，互也；思，慕也。相思得志，此也。庚子慶堂主人孫家潭作此銘。

簡述：是硯長方形樣，硯面開方池，上端減地雕刻魚化龍圖紋，作龍首魚身，平面構圖頗得圖畫意味。“魚化龍”用于製硯，是寓意人生脱胎换骨，爲歷代民俗傳説衍變而來。

伍拾

歙州石雁湖眉子如意池乳足硯

長 153毫米
寬 100毫米
高 22毫米

刻銘：墨池雁舞，雁湖眉子硯，今喜得之，手鑿并記，作慶堂銘。

簡述：是硯長方形樣，硯面開如意池，橢圓形硯堂。硯背呈三足式。硯堂表面呈貝殼光斑，有折光反射使得眉子紋理時隱時現。“雁湖眉子”，是古人對歙硯眉紋的描述，屬珍稀品種。《辨歙石説》：雁攢湖眉子，硯心有紋，暈如汪池，四外眉子密密如群雁飛集之狀。

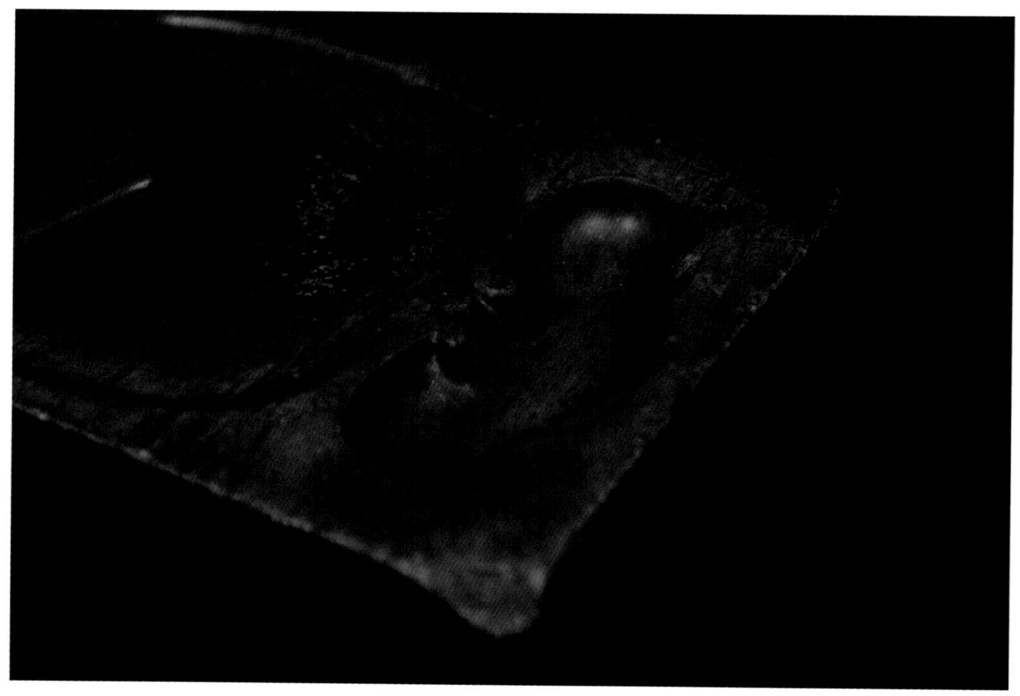

伍拾　歙州石雁湖眉子如意池乳足硯

伍拾壹

歙州石超大桃形池乳足硯

長 270毫米
寬 168毫米
高 27毫米

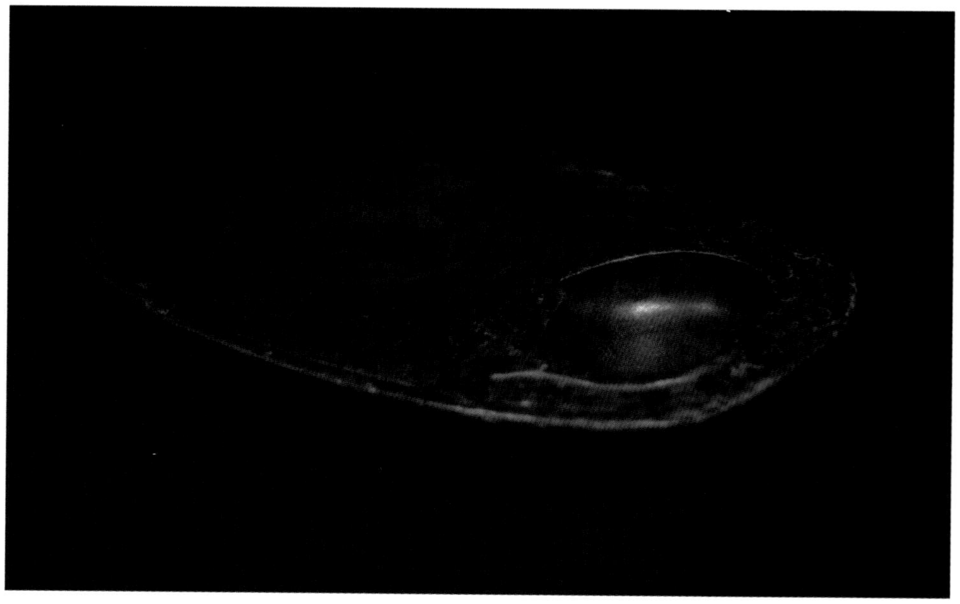

刻銘：與墨爲入，玉靈之食。與水爲出，陰鑒之液。懿矣兹石，君子之側。匪以玩物，唯以觀德。文人之有研猶美人之有鏡也。今以舊句作銘，辛丑春仲吉日土城孫氏後人，孫家潭白。時年七十有四也。
吉羊、孫、非葉（印章）

簡述：是硯橢圓形樣，硯面開桃形深池，池邊有枝葉，窄邊。硯面中間有深磨痕，硯背呈三足，右下角老殘。質料細膩，石呈灰色黑，形體超大扁平。

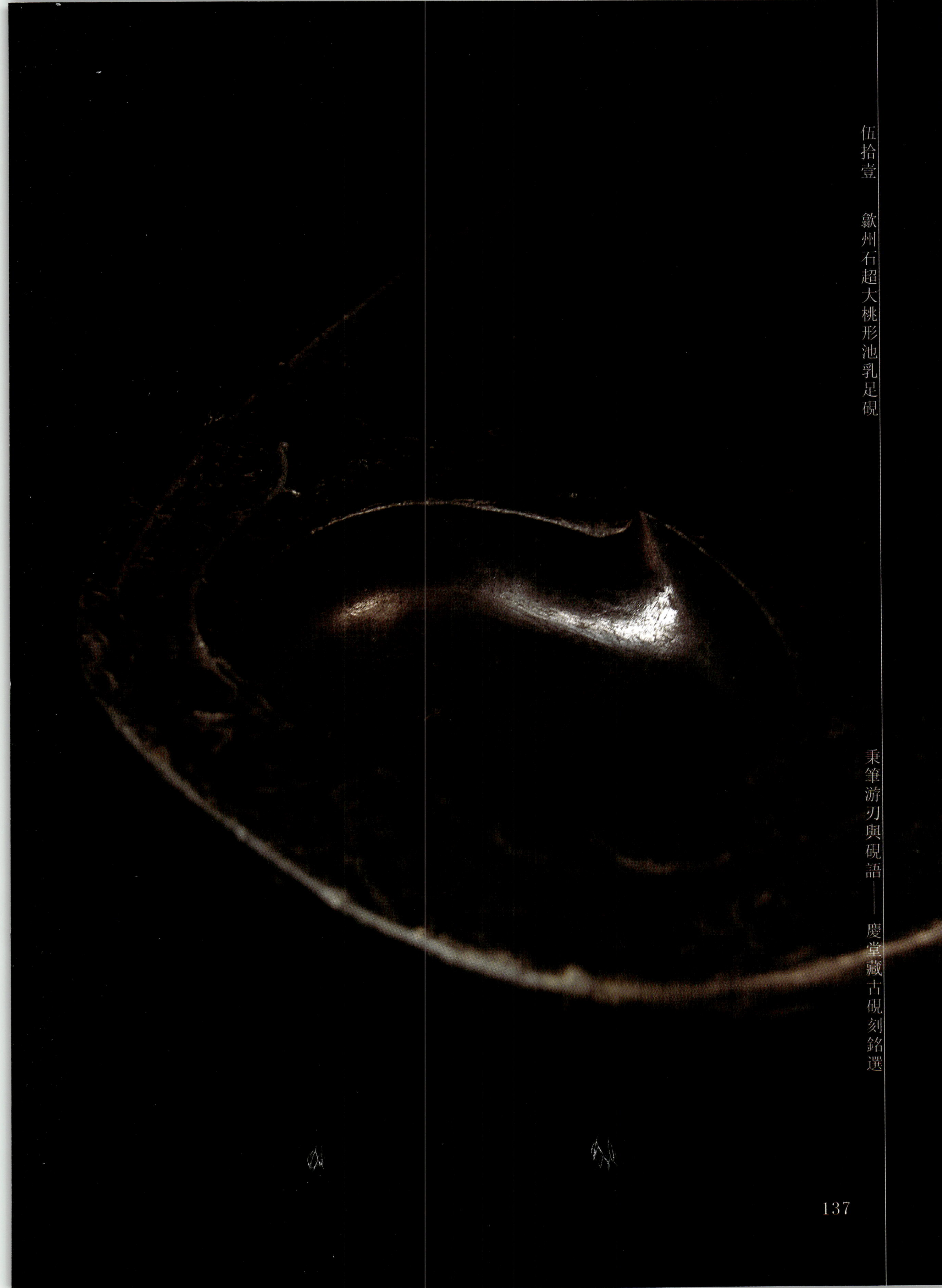

伍拾壹　歙州石超大桃形池乳足硯

伍拾壹　歙州石超大桃形池乳足硯

伍拾貳

歙州石花池太史硯

長 185毫米
寬　98毫米
高　22毫米

刻銘：日有憙，月有富，樂無事，宜酒食。以漢祝詞作銘，丁酉秋月孫家潭。

簡述：是硯長方形樣，硯面開花池，橢圓形硯堂，四邊内斂，形體修長，質料細膩。

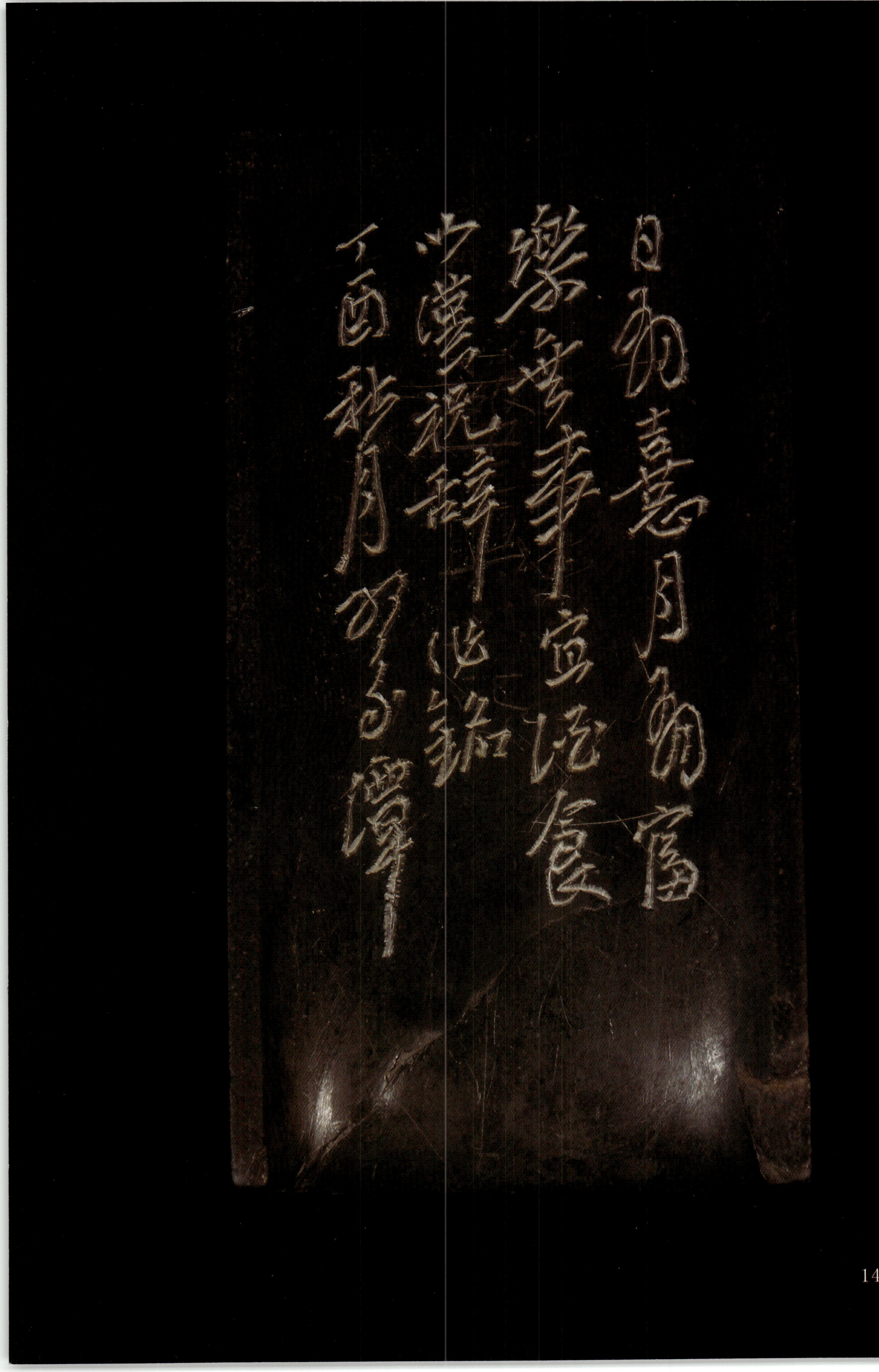

伍拾叁

端州石淌池硯

長 172毫米
寬 115毫米
高　40毫米

原銘：佰陽老人所授。

刻銘：自古文案疑事多，可問硯君知幾何。
今朝與爾相聚首，品行高下任君評。
歲在乙未正月上浣，慶堂主人孫家潭刊。
問君（印章）

簡述：是硯長方形樣，硯面開淌池，窄邊。質料細膩，石呈深褐色，老坑，整體端莊厚重。

伍拾叁　端州石淌池硯

伍拾肆

端州石（白端）太史硯

長 143毫米
寬　75毫米
高　25毫米

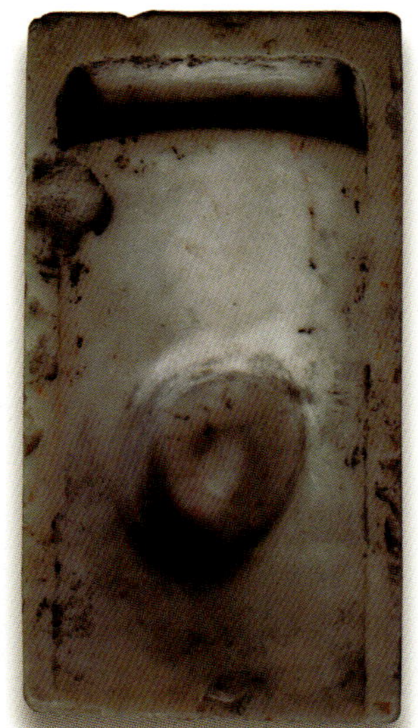

刻銘：辛丑花月得此硯，一片雲根白雲間。銀鈎鐵畫戲作此，一字一句記情緣。潭水深，魚兒戲，一刀一筆寫大千，吾書吾刻吾遣興，相陪相伴相永年。沽上土城孫氏後人孫慶堂作銘。

簡述：是硯長方形樣，硯面開一字池，硯堂磨痕深凹，形體方正，邊角有磕碰痕迹，質料溫潤，硯石呈微黄色。

伍拾肆　端州石（白端）太史硯

伍拾伍

端州石多眼巧雕鳳凰池硯

長 243毫米
寬 112毫米
高　23毫米

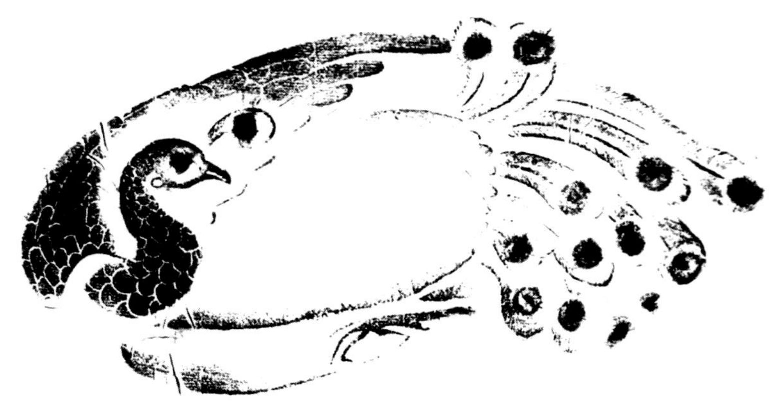

刻銘：慶堂喜得鳳凰池，有鳳來儀吉羊止。陋室藏硯新樣好，奮筆吟咏太平時。辛丑夏沽上土城孫氏後人孫慶堂銘。

簡述：是硯仿生作鳳凰樣，横式，鳳首、鳳尾分置左右，雙翅設計在上下邊緣，形態作側飛式，在上邊緣翅膀之下開硯池，硯堂安排在腹部，腹部下邊緣減地雕刻一鳳爪。硯石呈深褐色，硯背基本平整無紋飾。是硯鳳首、鳳冠，利用端州石固有的兩顆石眼作巧雕，在鳳尾翎羽末端同樣利用一組石眼作裝飾，整體觀之，石眼自然地分布錯落，却又巧妙凸顯了鳳凰的特徵，可謂天人合一。傳有清末的舊木匣。明代仿生類古硯作品傳世有獅子造型等。同類鳳凰硯造型，在近年古硯專題拍賣會中出現過幾件，爲數不多，均做横式。鳳凰池古硯傳世稀少，此石尤以石眼巧色雕琢爲鳳硯，匠心獨造。

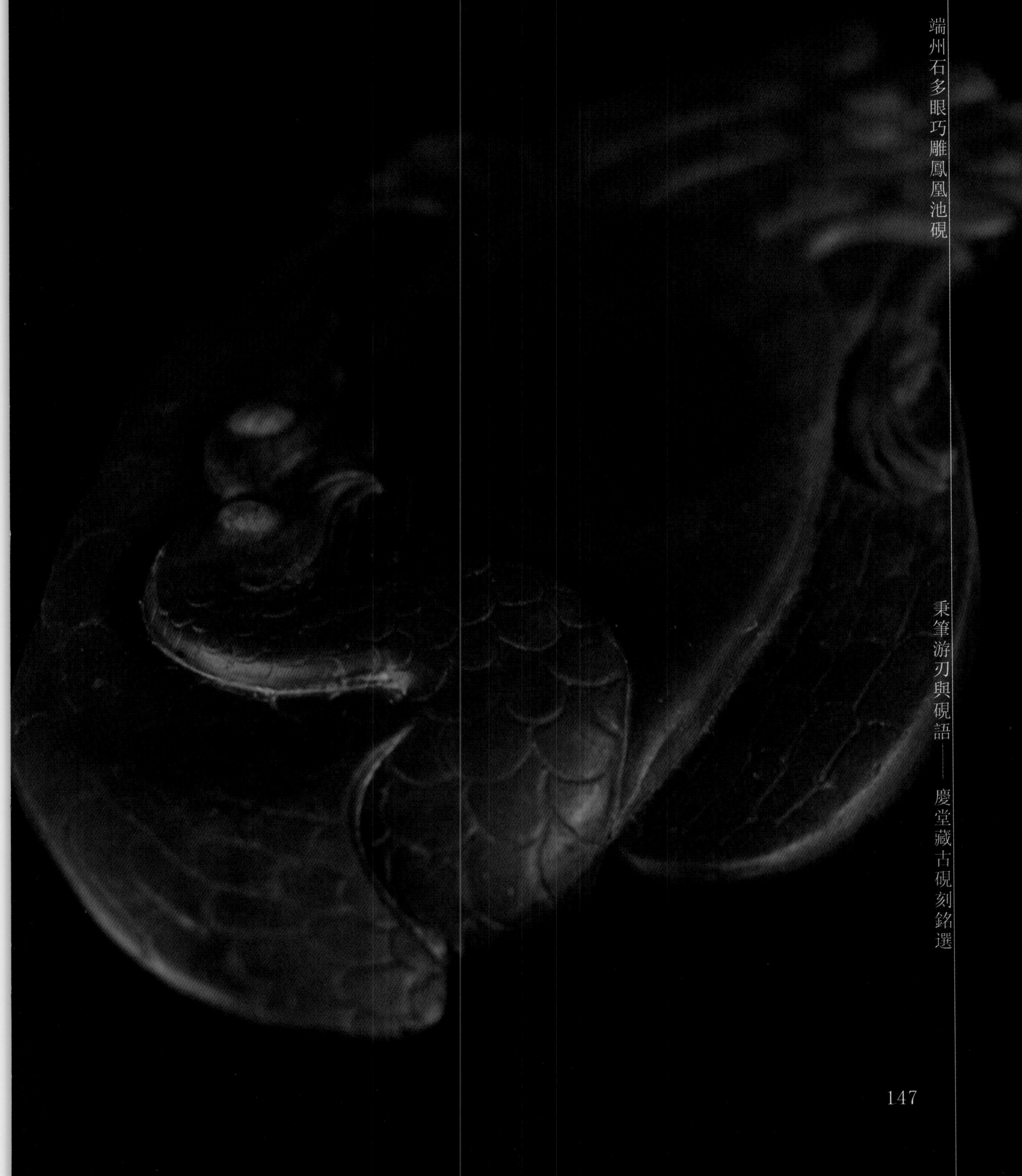

伍拾伍　端州石多眼巧雕鳳凰池硯

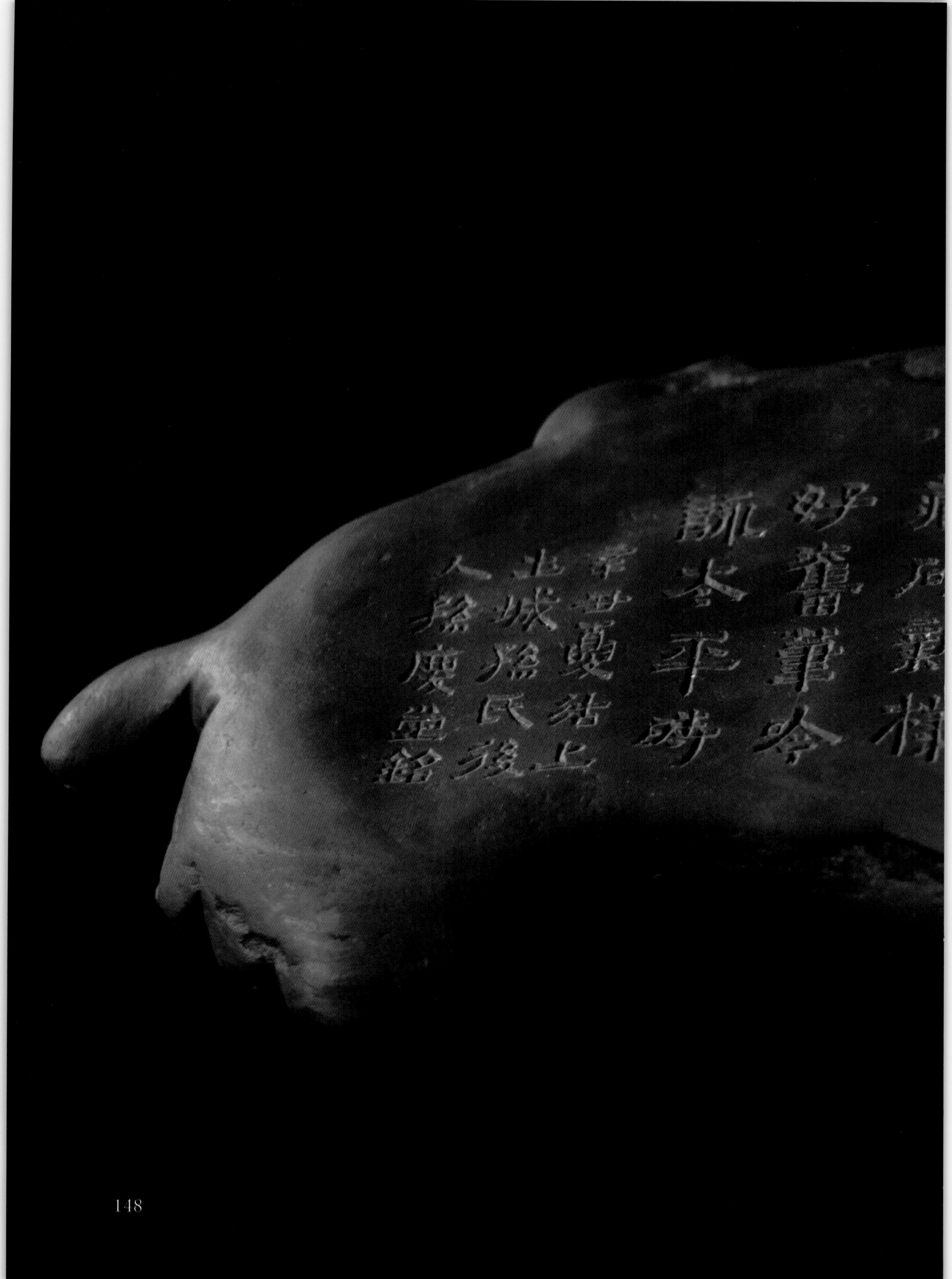
好奮筆吟
歌太平時

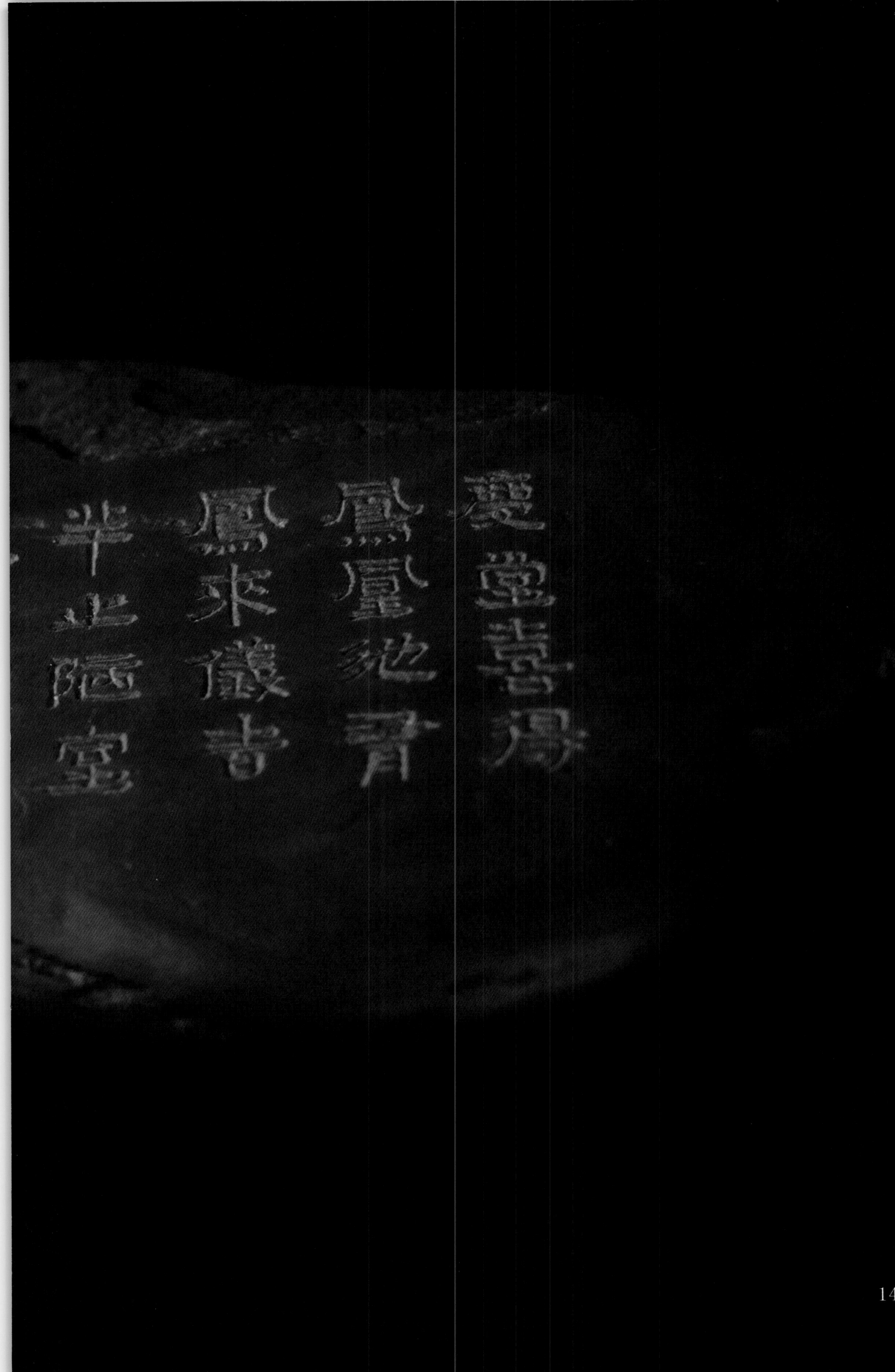
慶堂喜得
鳳來儀吉

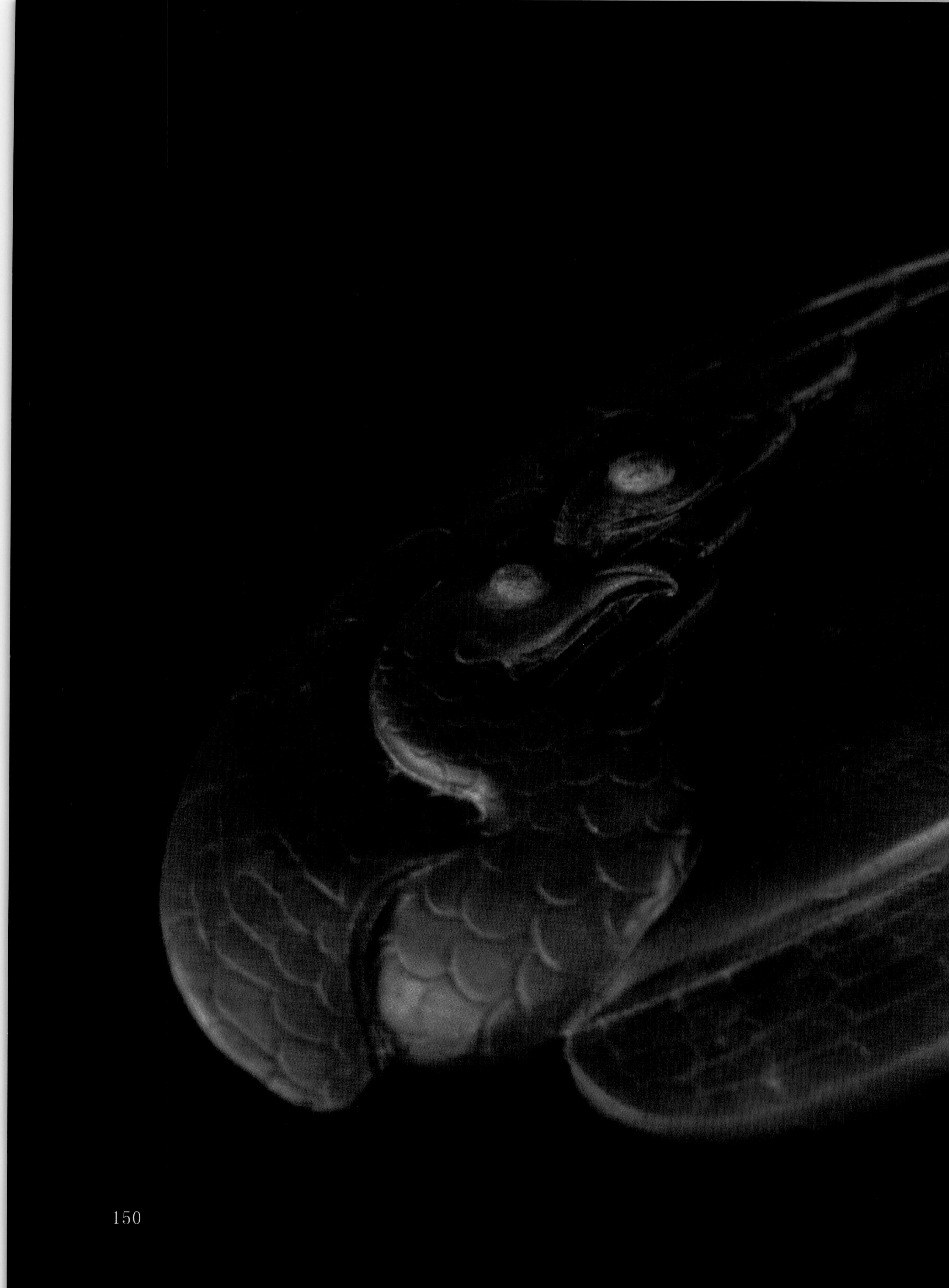

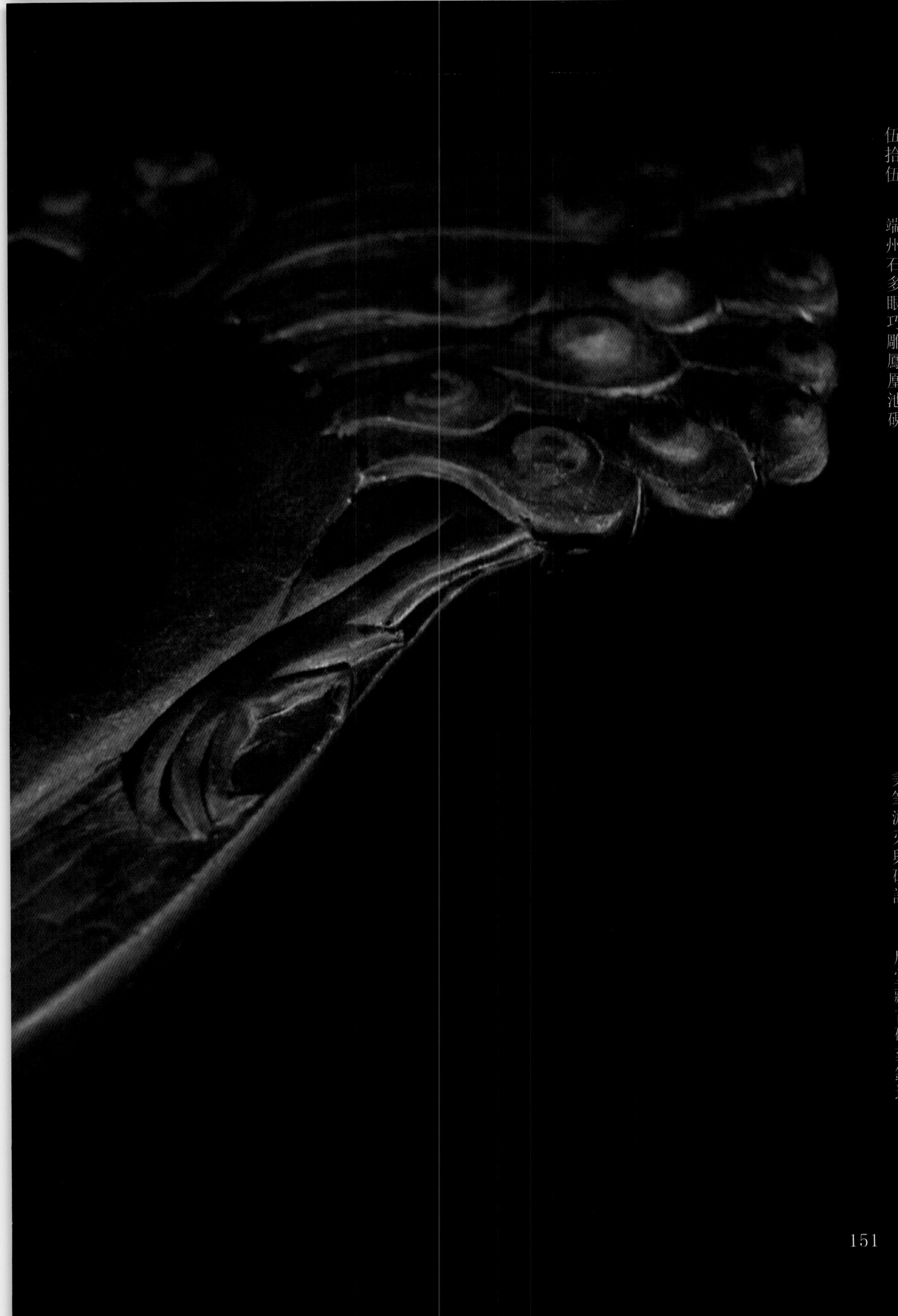

伍拾陸

澄泥蘑菇頭形小硯

長　65毫米
寬　75毫米
高　26毫米

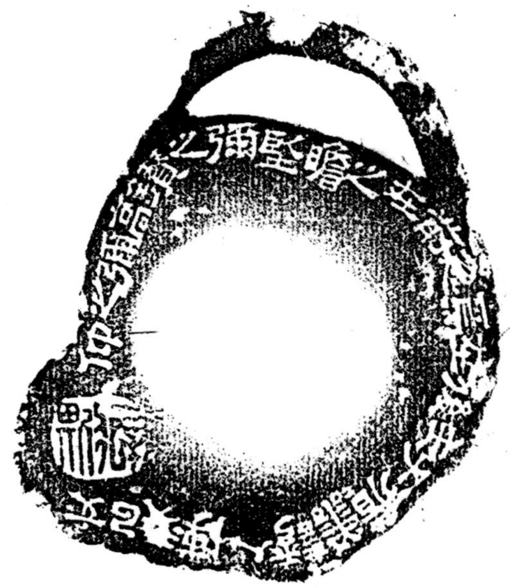

刻銘：仰之彌高，鑽之彌堅。瞻之在前，忽焉在後。夫子循循善宥人，博我以文。
癖斯、孫慶堂（印章）

簡述：是硯作蘑菇頭樣，底足小，硯面略大，上端開月牙池，硯堂作自然形，澄泥質料細膩，呈暗紅色，是硯造型得隨性之美。

伍拾陸　澄泥蘑菇頭形小硯

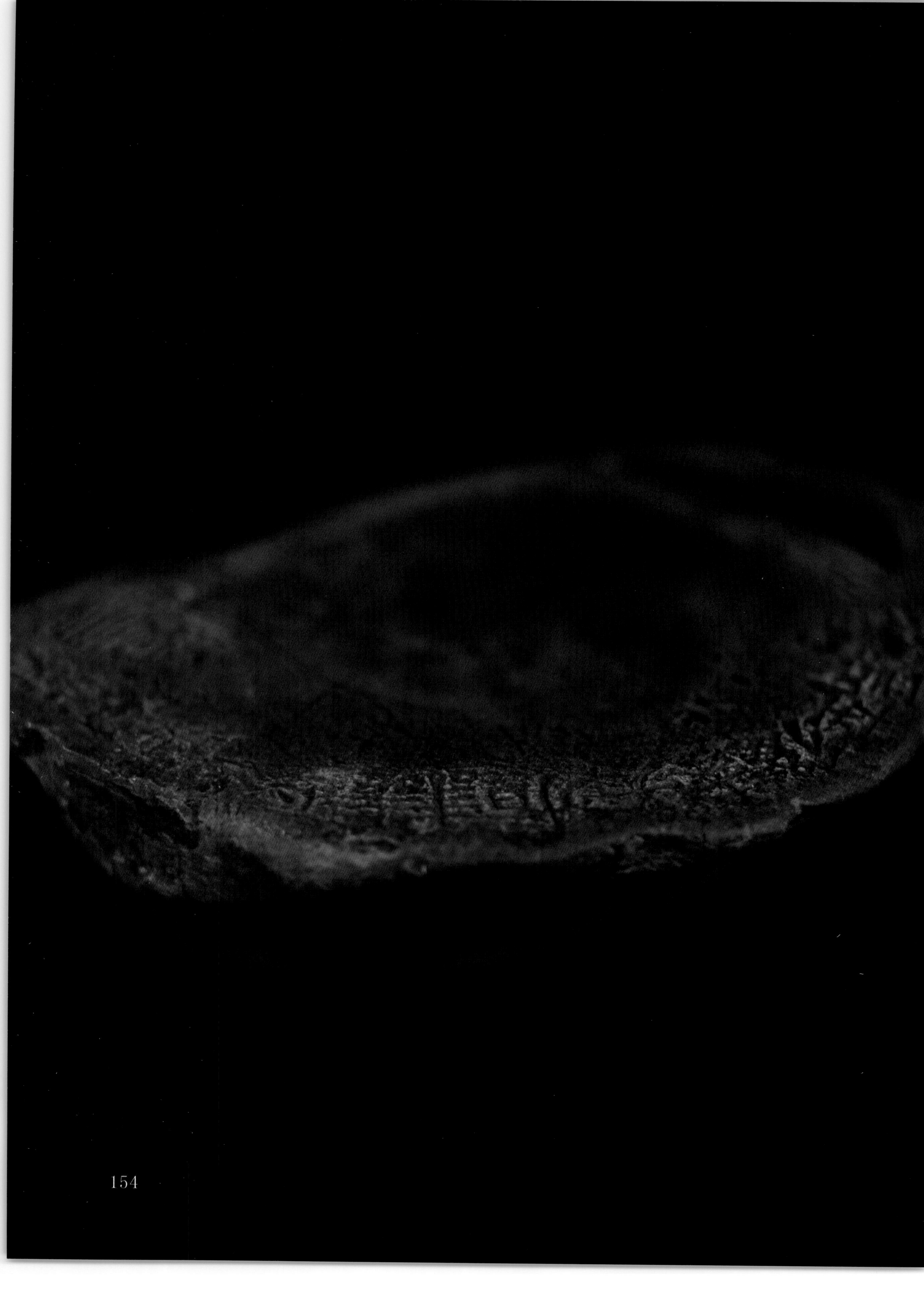

壹·慶堂藏古硯刻銘

❸ 清民時期

伍拾柒

端州石雲龍紋硯板

長 176毫米
寬 122毫米
高　26毫米

刻銘：雲龍在天，時期雲烟。石墨相着，書吾大千。
慶堂（印章）

簡述：是硯板長方形樣，硯板上端減地浮雕雲龍，龍首于雲紋之中隱現，雲紋分置硯石兩邊，刻工極簡，却精美异常，雖然不見繁縟雕工，其清净淡雅的感覺更勝一籌。質料細膩温潤，石呈黑漆皮古美。

伍拾柒　端州石雲龍紋硯板

伍拾捌

歙州石七星淌池硯

長 214毫米
寬 140毫米
高 44毫米

刻銘：三十四柱星月麗天。三十四柱星月麗天，丁酉慶堂主人孫家潭。

簡述：是硯長方形樣，硯面開淌池，池内留七顆柱眼，四周起凸邊。深覆手内有柱眼二十七根。硯石表面局部有爆皮，

伍拾玖

澄泥蟹殼青仿生貝葉喜蛛筆舔

長 195毫米
寬 115毫米
高　17毫米

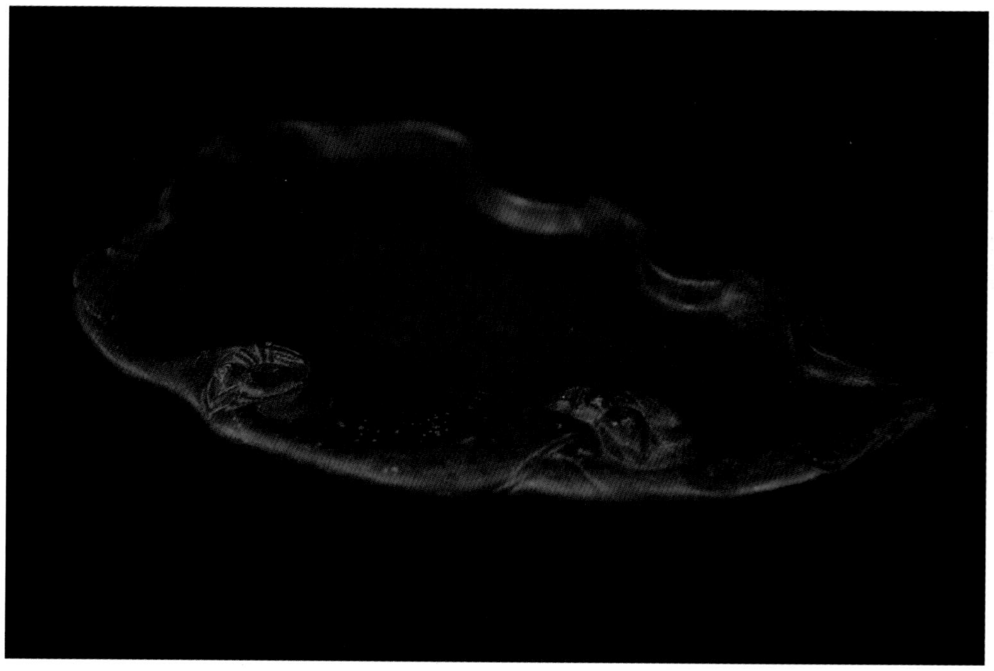

刻銘：觀自在菩薩，行深般若波羅蜜多時，照見五蘊皆空，度一切苦厄。舍利子，色不异空，空不异色，色即是空，空即是色，受想行識，亦復如是。舍利子，是諸法空相，不生不滅，不垢不净，不增不減。是故空中無色，無受想行識，無眼耳鼻舌身意，無色聲香味觸法，無眼界，乃至無意識界。無無明，亦無無明盡，乃至無老死，亦無老死盡。無苦集滅道，無智亦無得。以無所得故，菩提薩埵，依般若波羅蜜多故，心無罣礙。無罣礙故，無有恐怖，遠離顛倒夢想，究竟涅磐。三世諸佛，依般若波羅蜜多故，得阿耨多羅三藐三菩提。故知般若波羅蜜多，是大神咒，是大明咒，是無上咒，是無等等咒，能除一切苦，真實不虚。故説般若波羅蜜多咒，即説咒曰：揭諦揭諦波羅揭諦波羅僧揭諦菩提薩婆呵。丁酉慶堂沐手敬刊。

佛造像、心經、孫（印章）

簡述：是筆舔仿生作樹葉形樣，邊緣曲綫變化，池邊、池内雕刻喜蛛三隻，樹葉尖角處有磕碰，筆舔背面雕刻葉脉紋理。

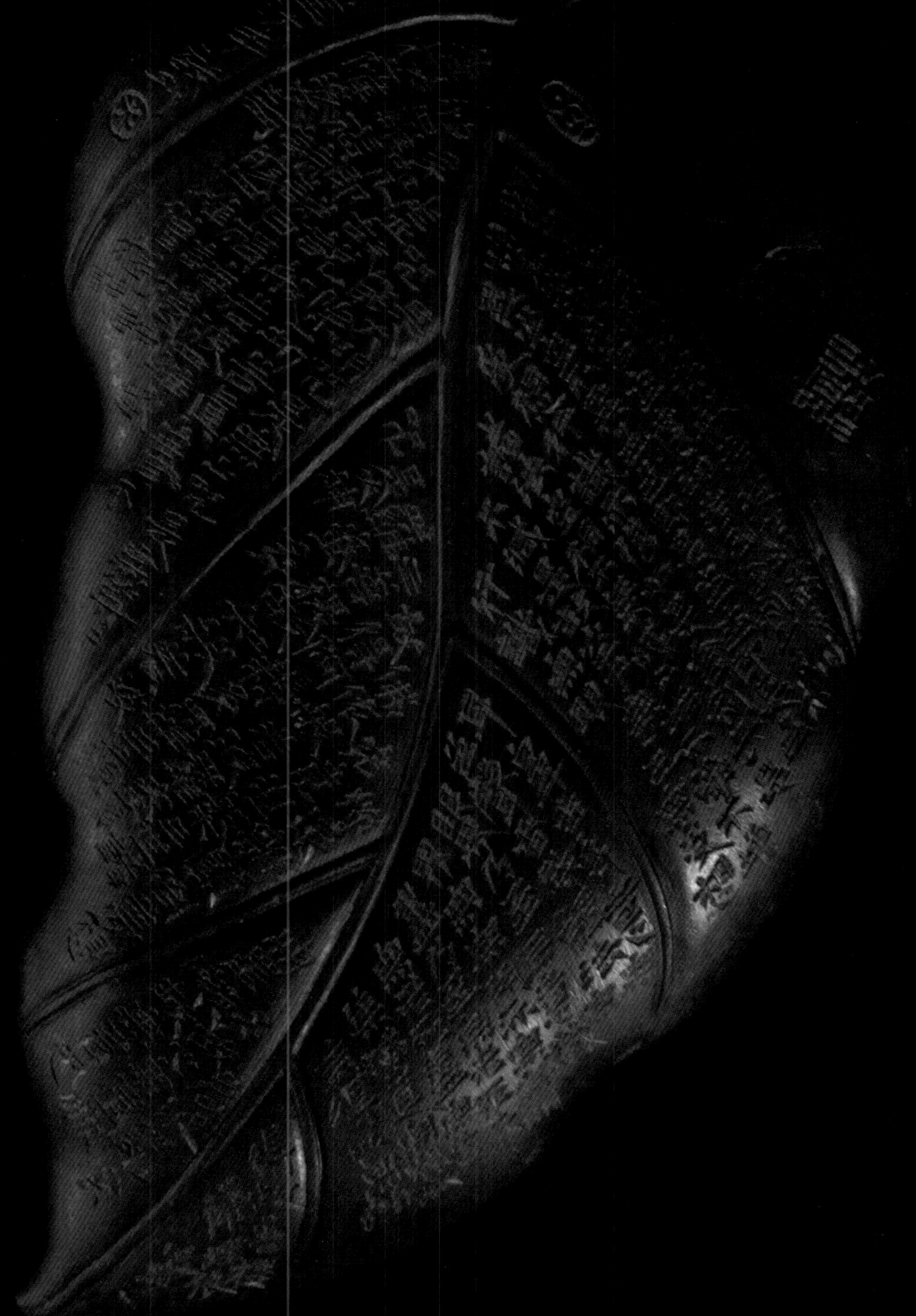

伍拾玖　澄泥蟹殼青仿生貝葉喜蛛筆舔

陸拾

黑石小硯板

長 152毫米
寬　82毫米
高　30毫米

刻銘：墨磨人。
　　　真水園主人珍藏（印章）

簡述：是硯板長方形樣，形體修長，質料細膩，黑皮。

陸拾　黑石小硯板

陸拾壹

清代端州石老坑仿生竹節硯

長 227毫米
寬 133毫米
高 100毫米

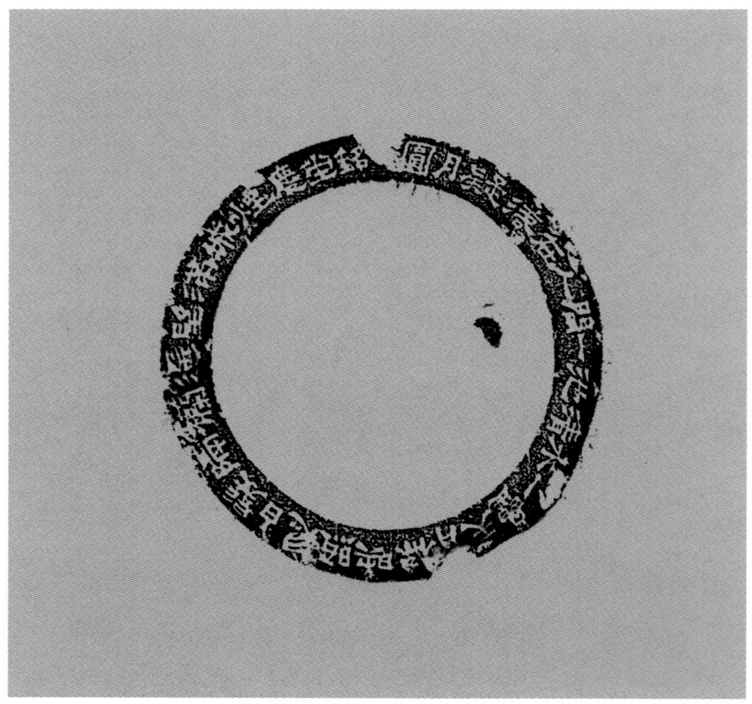

刻銘：圓月疑落在人間，一池清水一尺天。青絲映照忽白髮，隔欄遥望滿城煙。慶堂銘。

綜述：是硯仿生作圓形竹節形樣，硯面開深池，寬邊。池内有一顆柱眼，硯堂有磨痕。老坑端州石，呈深紫色，硯面爲横斷面截開的竹節形，側面刻畫有小嫩芽，邊角有磕碰痕迹。

陸拾壹　清代端州石老坑仿生竹節硯

陸拾貳

端州石小硯板

長 136毫米
寬 88毫米
高 25毫米

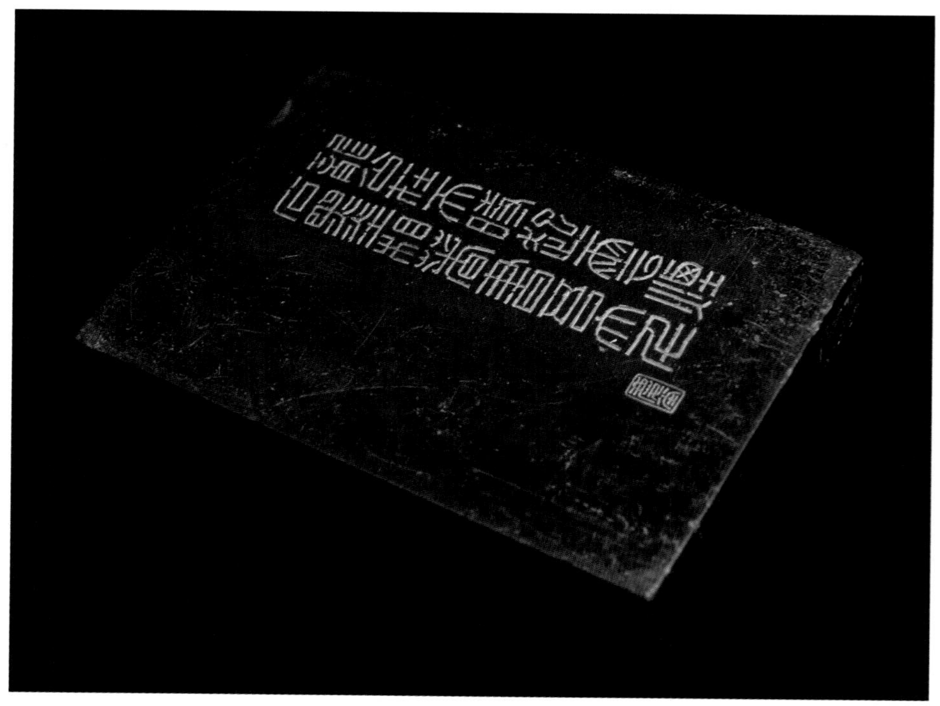

刻銘：一日三摩挲，劇于十五女。
大吉、慶堂作銘、孫、真水園主人賞（印章）

簡述：是硯板長方形樣，上邊緣有磕碰，質料細膩，老皮光亮，尺寸較小，盈手一握。

陸拾貳 端州石小硯板

陸拾叁

端州石鼓形硯

直徑 100毫米
寬高　38毫米

原銘：丁。敺車趩趩髤馬邍邍道彼盜原□彼大□彤矢□□邑負其游䌛君子其來。

刻銘：以静爲用是以永年，此乃一代盛世君主康熙皇帝親作之硯銘。文房四寶中筆墨因動而損，紙無質而碎，唯硯有玉骨，静對滄桑，可得永年。此硯作鼓，取狀物之形，構思巧妙，其工、其制、其品、其歲月皆可玩味也。簡約小器得神形之大美。五百年輪回，端正置于之小室，撫石静觀，如面古人矣。癸巳上日孫家潭白。
永昌、大吉、日利、千秋（印章）

蓋銘：暮鼓聲聲，慶堂主人銘。
慶堂（印章）

簡述：是硯仿作鼓形樣，硯面開月牙池，周邊凸起，石呈深紫色，覆手平整并有原刻石鼓文硯銘，整體觀之，形制厚重端莊，老皮滄桑。後配天地蓋。

陸拾肆

歙州石荷葉池太史硯

長 212毫米
寬 132毫米
高 48毫米

刻銘：真水園。
荷池禪聲（圖形）

簡述：是硯長方形樣，硯面開荷葉池，硯堂亦爲荷葉形，周邊飾水波紋，石呈青黑色，質料温潤，太史硯作此類花池雕工不多見。

陸拾肆　歙州石荷葉池太史硯

陸拾伍

端州石太史硯

長 151毫米
寬　85毫米
高　32毫米

刻銘：正彦作銘，丁酉秋月慶堂孫家潭。
　　　正彦（印章）

簡述：是硯長方形樣，硯面傾斜開深池，池邊起綫環繞，
　　　硯岡凸出。硯背鏟斜坡狀，加工痕迹明顯。

陸拾陸

澄泥蝦頭紅仿生竹節硯

長 135毫米
寬 135毫米
高　34毫米

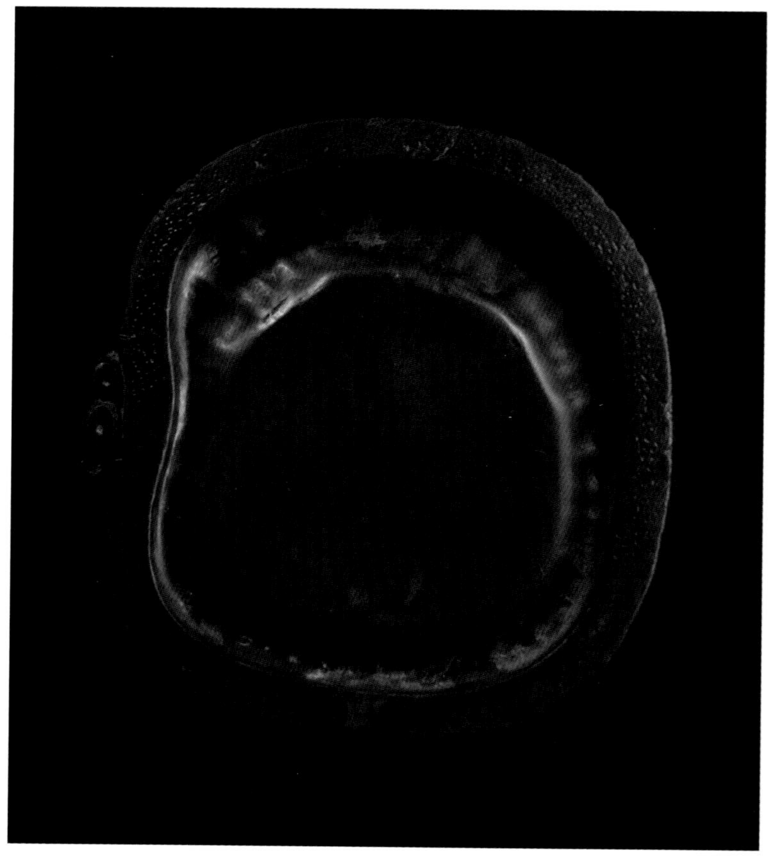

刻銘：長樂未央，嘉氣始降，傳祚無窮，與天無極。甲午秋家潭銘。
孫（印章）

蓋銘：貴人大壽，辛酉雨窗此君來吾廬，所謂最難風雨故人來，甚憙也。家潭戲此。
孫（印章）

簡述：是硯仿生作圓形樣，硯面開環形池，硯堂凸起，硯邊做仿生自然形，一側雕刻竹芽，細節刻畫惟妙惟肖。

陸拾陸　澄泥蝦頭紅仿生竹節硯

陸拾陸　澄泥蝦頭紅仿生竹節硯

陸拾柒

歙州石淌池小硯

長 133毫米
寬　95毫米
高　19毫米

刻銘：福德長壽，丁酉余七十作此銘，孫家潭。

簡述：是硯長方形樣，硯面開池，四邊凸起，覆手内減地浮雕一老壽星圖。整體觀之，小硯烏黑光亮。

陸拾柒　歙州石淌池小硯

陸拾捌

端州石橢圓形小硯

長 135毫米
寬　95毫米
高　26毫米

刻銘：山不讓塵，川不辭盈，勉而含弘，以隆玉聲。己亥冬日沽上土城孫氏後人慶堂孫家潭刊銘并記。

簡述：是硯橢圓形樣，硯面開月牙形池，周邊起綫作橢圓形硯堂，邊緣外凸，深覆手，石呈烏黑色。整體觀之，弧綫圓潤，流暢平整。

陸拾捌　端州石橢圓形小硯

陸拾玖

端州石雲水池小硯

長 158毫米
寬 75毫米
高 27毫米

刻銘：空山鳥語兮，人與白雲栖，潺潺清泉濯我心，潭深魚兒戲。風吹山林兮，月照花影移，紅塵如夢聚又離，多情多悲戚。望一片幽冥兮，我與月相惜，撫一曲遥相寄，難訴相思意。空山鳥語兮，人與白雲栖，潺潺清泉濯我心。濯我心，我心如烟雲，當空舞長袖。人在千里，魂夢常相依。紅顏空自許，南柯一夢難醒。空老山林，聽那清泉，叮咚叮咚似無意，映我長夜清寂。
歲在己亥十一月，以《雲水禪心》詞作銘，慶堂孫家潭白。

簡述：是硯作長方形樣，硯面開雲水池，小池造型有流動感，水雲紋飾渾然一體，開池頗具創意。老坑石呈深紫色，通體傳世老皮。

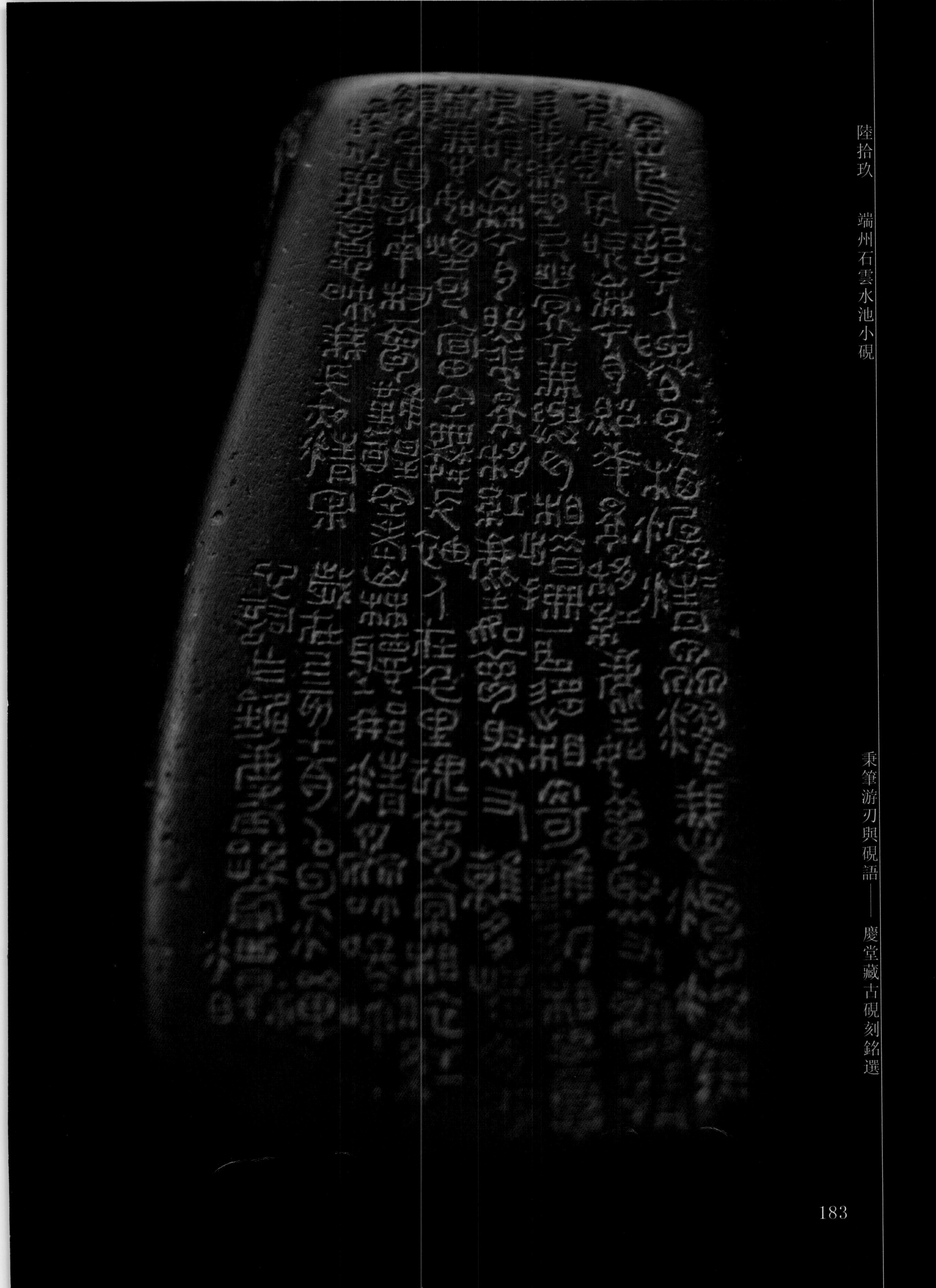

陸拾玖　端州石雲水池小硯

柒拾

歙州石蟬形乳足大硯

長 295毫米
寬 190毫米
高　45毫米

刻銘：鳴遠。丁酉秋月午，蟬聲聲，余作此銘，沽上慶堂主人孫家潭。
孫（印章）

簡述：是硯作蟬形様，硯面開深池，硯岡呈弧綫，硯堂橢圓，老坑，質料温潤有光澤，背三足飽满。是硯尺寸較大。

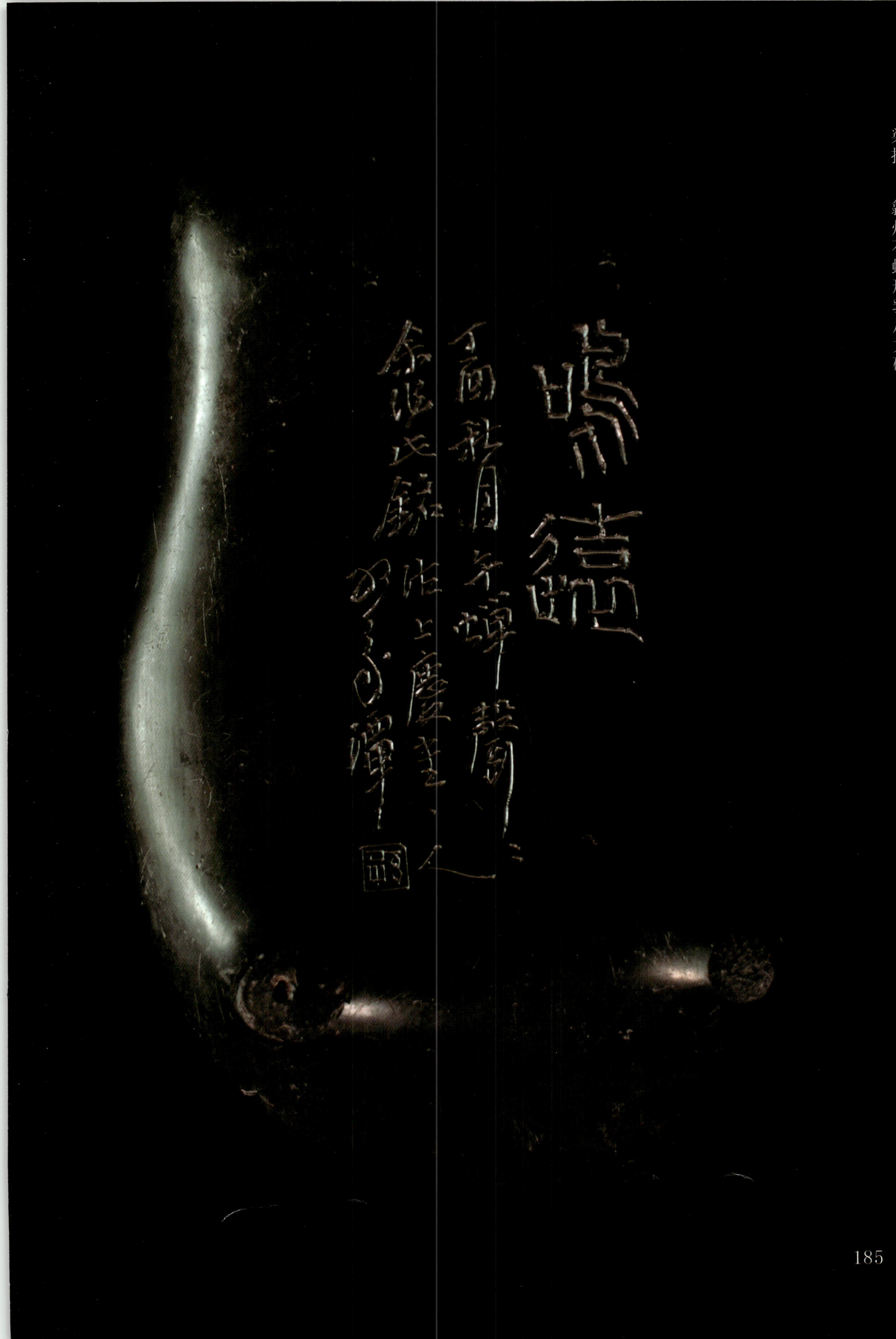

柒拾壹

端州石靈芝硯

長 205毫米
寬 190毫米
高　44毫米

刻銘：一點通、心有靈、老潭七十又一刊此、真水園主人寶玩（印章一組）。

簡述：是硯作圓形樣，硯面上端開池，邊緣雕刻靈芝朵朵相連接，硯堂邊緣起凸綫，硯面顯天青、胭脂紫，石品豐富。硯背亦作靈芝紋，呈褐色，整體厚重。

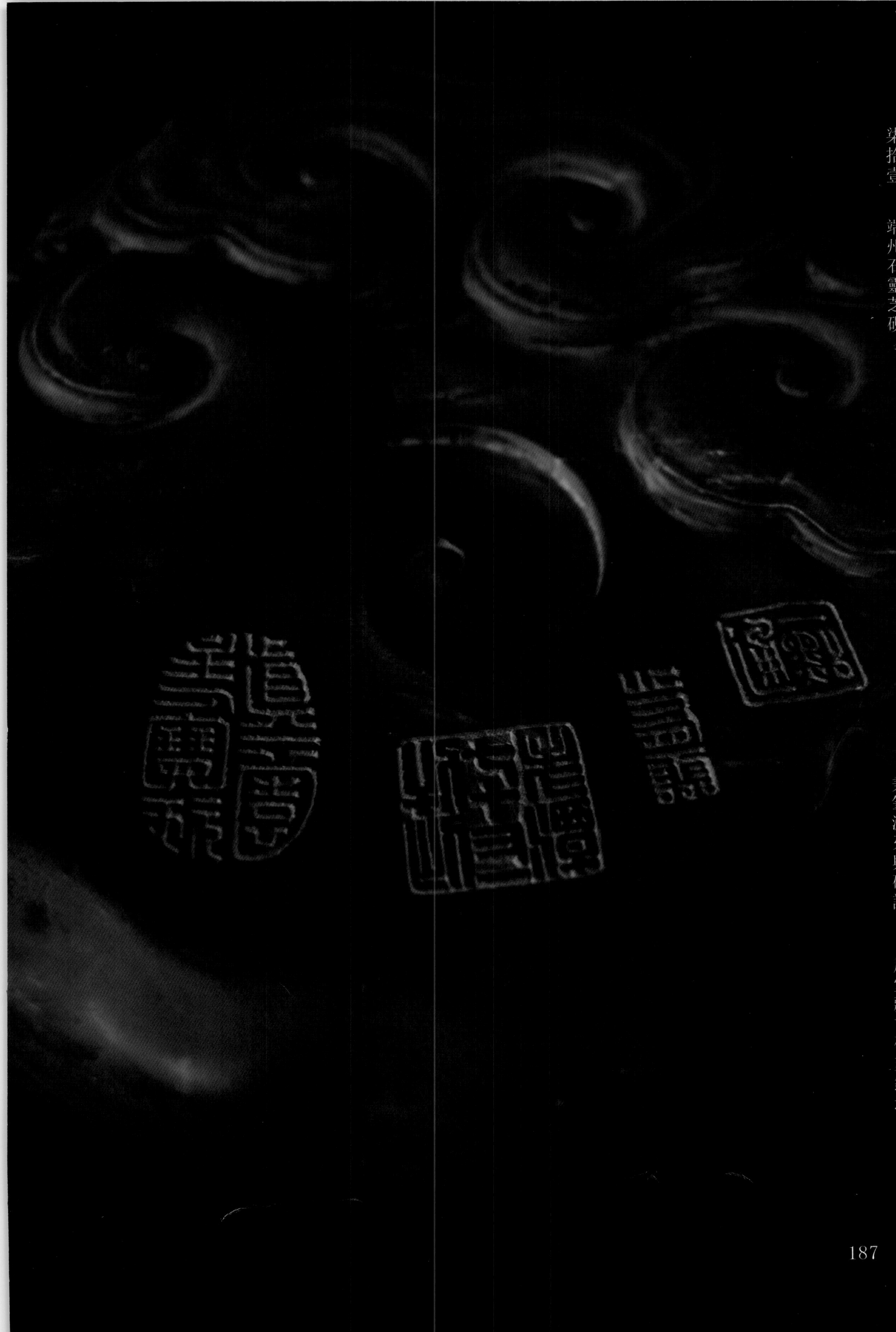

柒拾貳

端石太史星柱殘硯

長 215毫米
寬 128毫米
高　68毫米

刻銘：人皆曰損，遇我則全。庚寅桃月，余喜得此殘研，書銘刊記，沽上慶堂主人孫家潭寶玩。
文德、真水園主人寶玩、端有眼、心堅白、是一是二、我佛無説、非葉（印章一組）

簡述：是硯長方形樣，硯面開池，硯岡飽满，左側硯墻老殘。硯背有十三根柱眼林立，其中三根柱眼殘損。老坑，石呈灰黑色，整體厚重，雖殘尤美。

柒拾叁

端州石圭形硯

長 178毫米
寬 118毫米
高 36毫米

刻銘：子曰：至于道，據于德，依于仁，游于藝。余常以此句作書入印，今作銘以自勉之，慶堂孫家潭白。

簡述：是硯作長方形樣，硯面開圭形池，硯背亦作圭形，質料紫色，形體厚重。“圭”是古代測節氣和時間的儀器“圭表”的一個部件，水平放置于石座上刻有刻度以測量影長的標尺叫“圭”，垂直于地面的直杆叫“表”。圭形製硯，古人引申爲惜時。

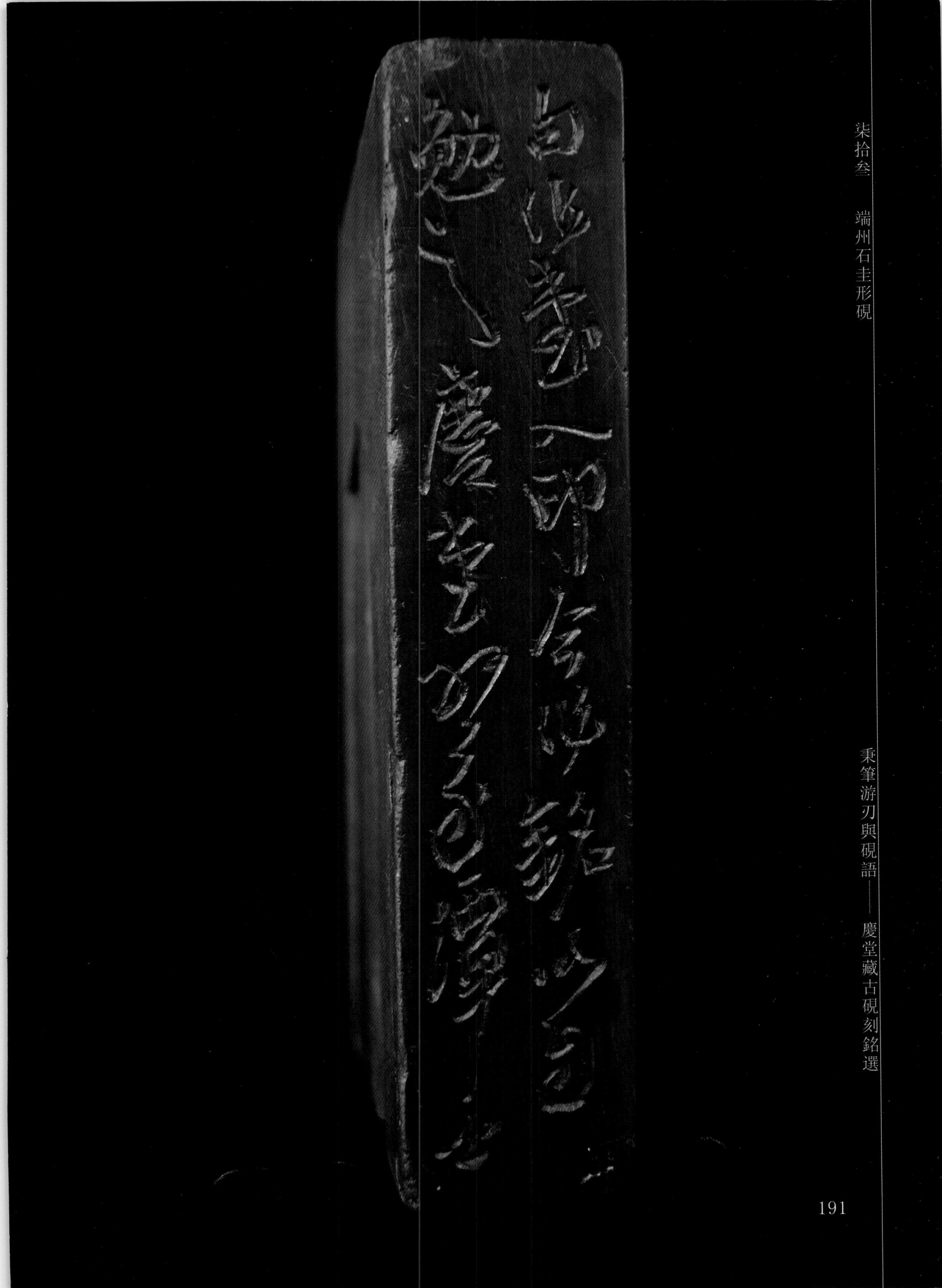

柒拾肆

黑石玉帶環腰硯

長 123毫米
寬 110毫米
高　31毫米

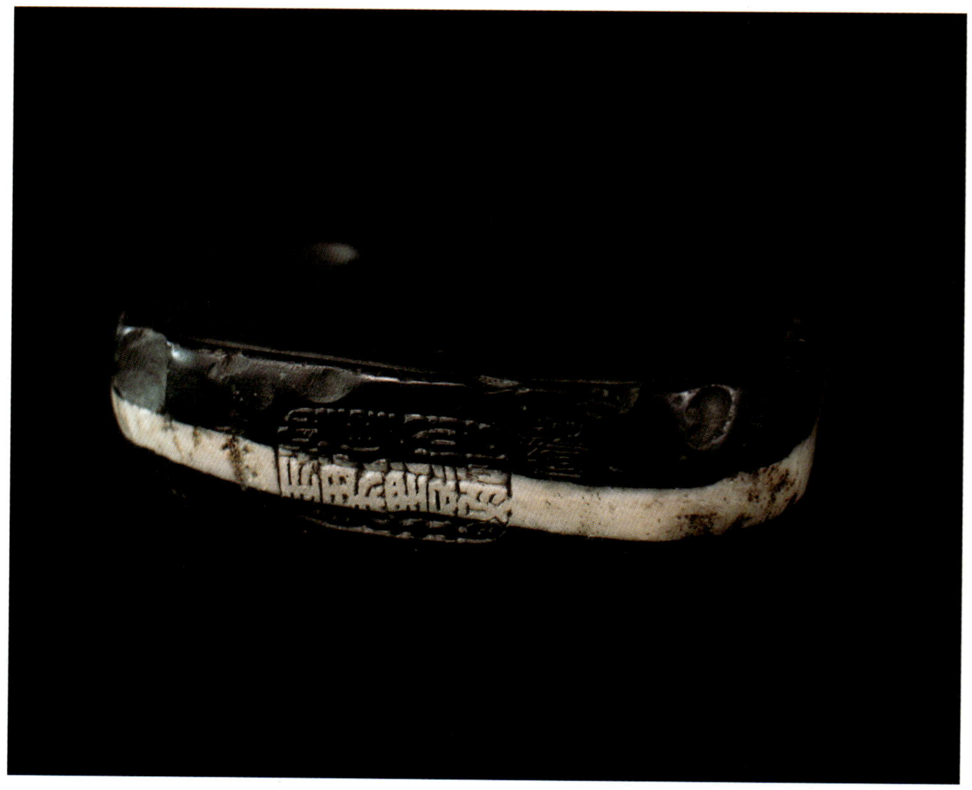

刻銘：（佛造像一組）
福田方净，守本真心，自觀自在，唯佛獨尊。歲次甲午正月，慶堂主人敬造。
（佛造像）
天藏地造玉帶環腰、慶堂（印章）

簡述：是硯橢圓形樣，硯面開繭形池，邊緣起唇綫，硯石中間夾有白石層，如玉帶環繞，黑白分明，質料細膩，撫之柔潤如玉。

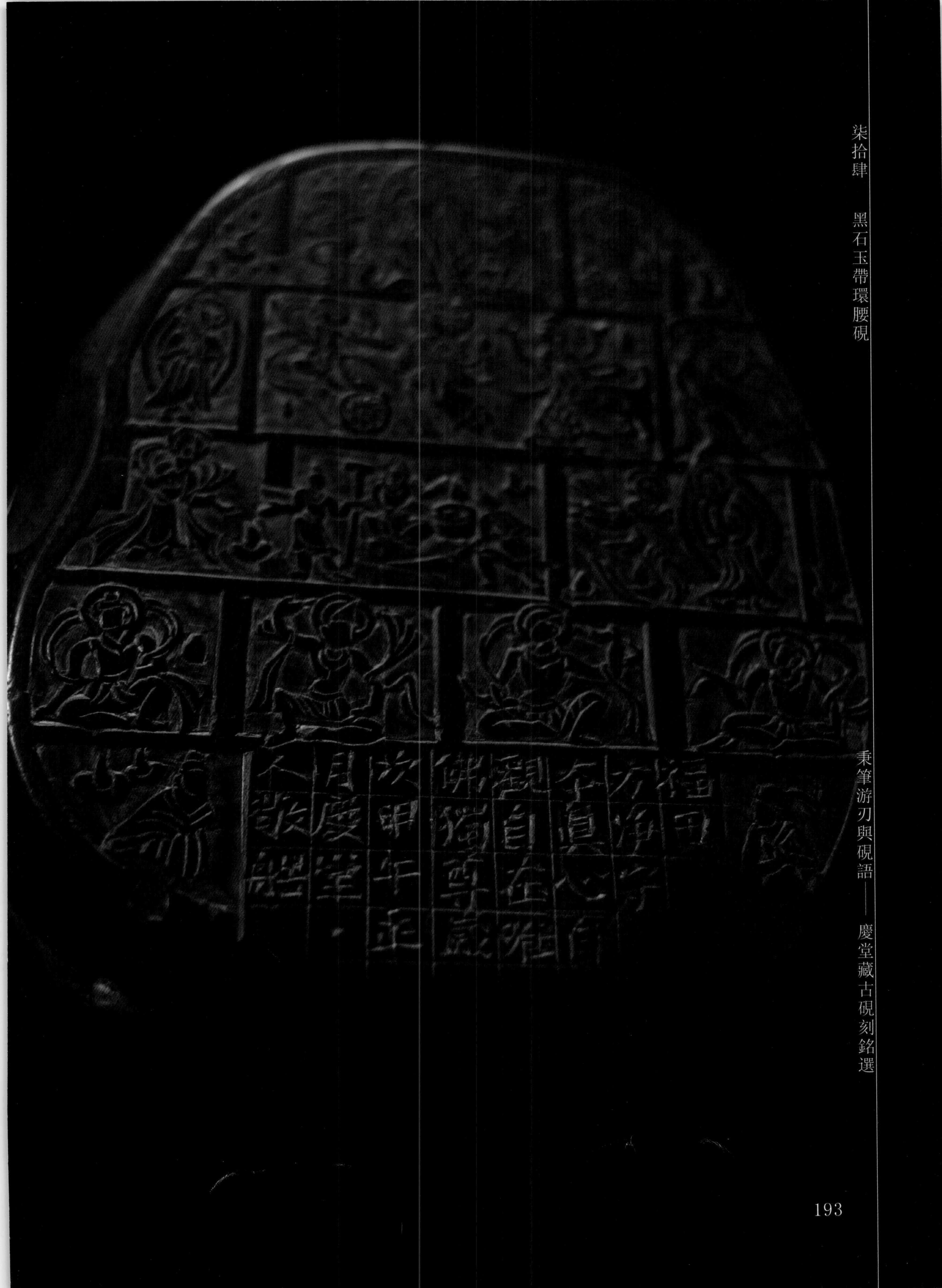

柒拾伍

端州石硯板

長 128毫米
寬 96毫米
高 33毫米

刻銘：永隆（印章）

永隆，擬漢人殳書法，集晋瓦當文祝詞作銘耳。乙未小寒前三日，孫家潭白。

飛葉、慶堂（印章）

簡述：是硯板長方形樣，石呈深褐色，形體厚重。

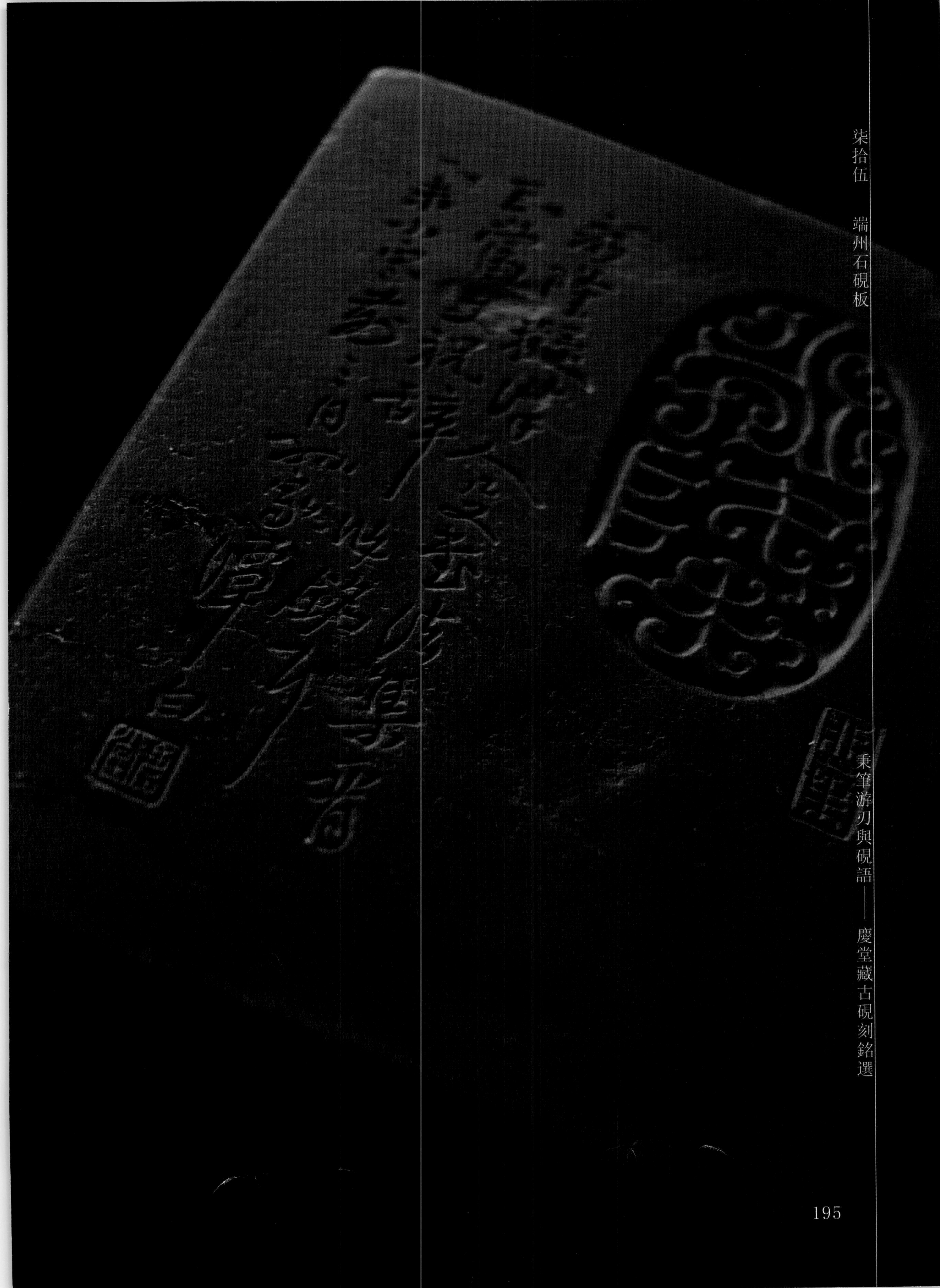

柒拾陸

端州石雲水池硯

長 164毫米
寬 117毫米
高　22毫米

刻銘：雲水禪心。乙未秋月，慶堂孫家潭銘。

簡述：是硯長方形樣，硯面開雲水池，池邊浮雕雲烟紋，綫條流動，底邊飾海浪，雲烟由下端海浪旋轉升騰至上端雲水池，雕工精湛，渾然一體。質料細膩，石呈灰黑色。原硬木匣。

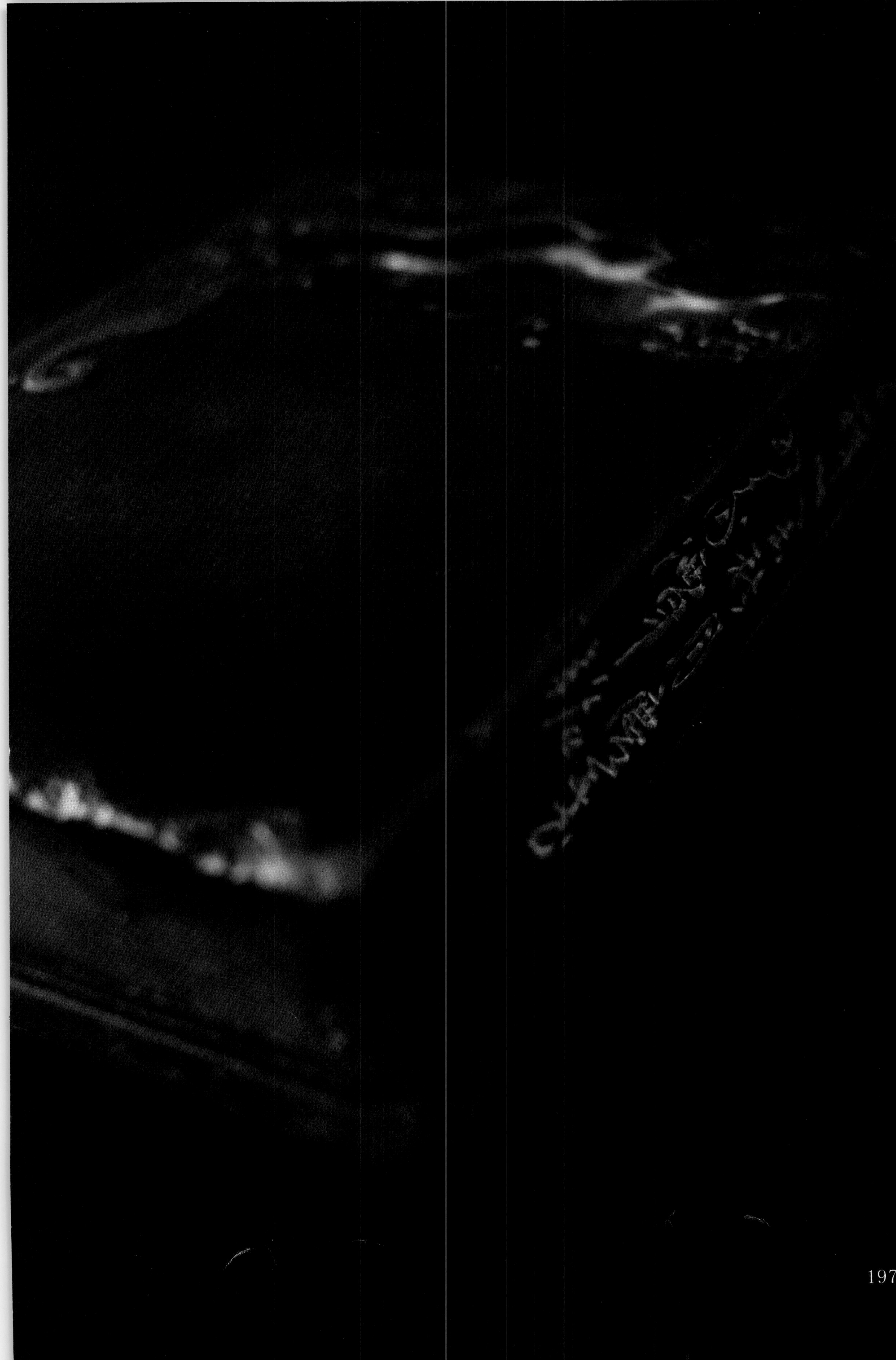

柒拾陸　端州石雲水池硯

柒拾柒

白端鼓形硯

直徑 110毫米
高　　33毫米

刻銘：商彝周鼎傳盤古事，暮鼓晨鐘得盛時聲。歲丙申秋午蟬聒耳，沽上慶堂孫家潭白。

蓋銘：聲聞八方。慶堂作銘。

簡述：是硯製作圓鼓形樣，硯面開環形水渠，硯側飾鼓釘紋，深覆手，綫面挺括，白端質料如玉，温潤可人。原硬木天地蓋。

柒拾柒　白端鼓形硯

柒拾捌

歙州石仿生卧牛硯

長 190毫米
寬 115毫米
高　35毫米

刻銘：騎牛讀漢書、問牛知馬、牛角挂書、孺子牛、天津土城孫氏後人慶堂作銘（印章一組）

簡述：是硯仿生作卧牛樣，牛首回轉開硯池，牛背爲硯堂，牛首、角、耳、身、尾、四肢造型誇張。石呈青黑色，質料密實光亮。

柒拾捌　歙州石仿生臥牛硯

柒拾玖

端州石超大太史硯

長 245毫米
寬 127毫米
高 76毫米

刻銘：慶堂硯語（佛造像）
石墨相着而黑，邪心讒言無得白。此傳爲周武王之硯銘，告誡後人。吾少好翰墨，猶喜古硯。文房四寶，唯硯以爲用，是以永壽。古硯銘或記事，或抒懷。古來，成爲了文士所好愛也。人磨墨，墨亦磨人，其相隨、相伴、撫之、愛之，如面古人矣。丁亥十月初八日。

簡述：是硯長方形樣，開一字池，形體修長。石呈紫褐色，形體碩大，老坑，形制規整。

慶堂
硯語
石墨相著而黑
周武王之硯銘
書古硯文房四
古硯銘或記事
所好愛也人
撫之愛之如

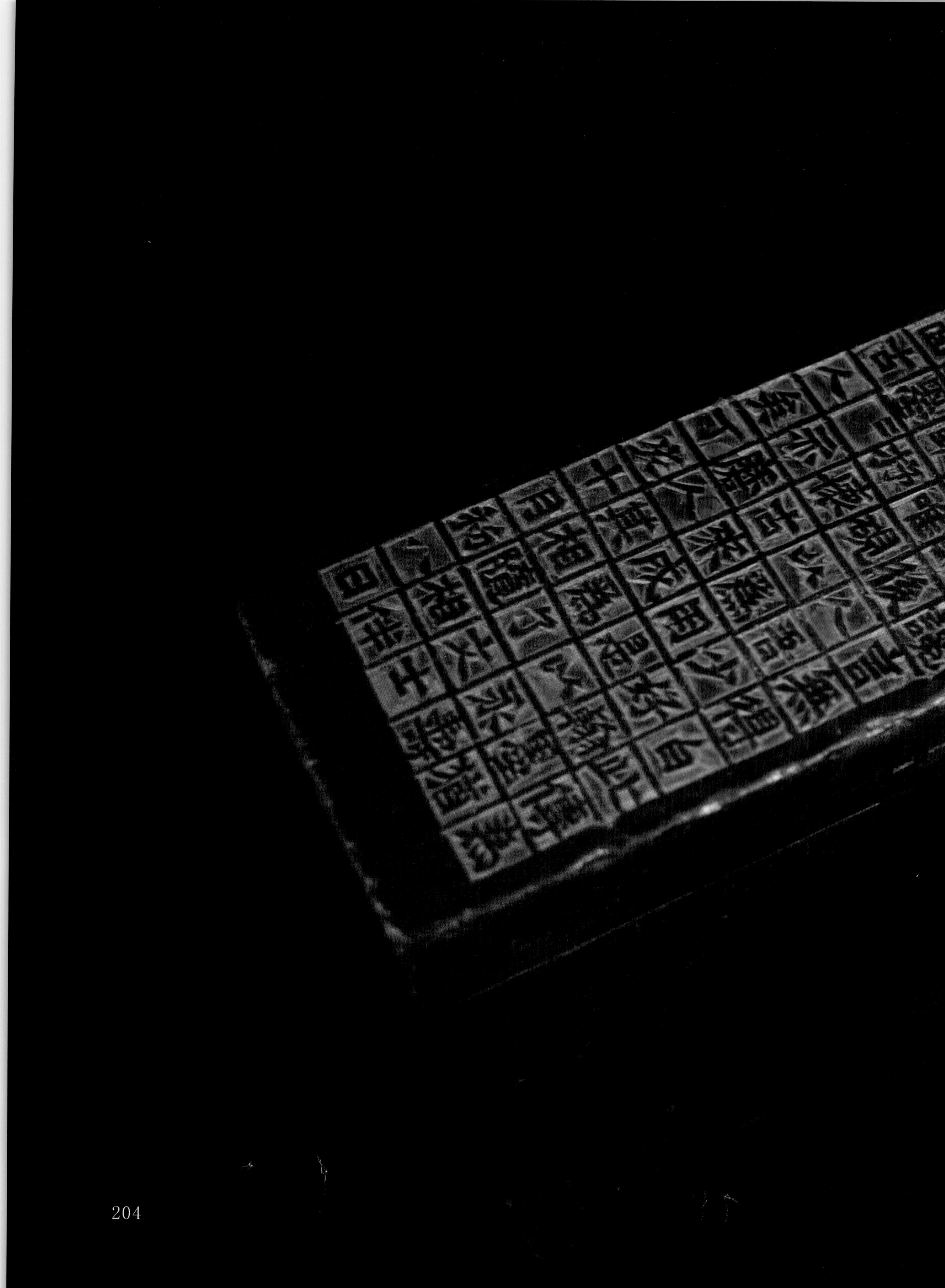

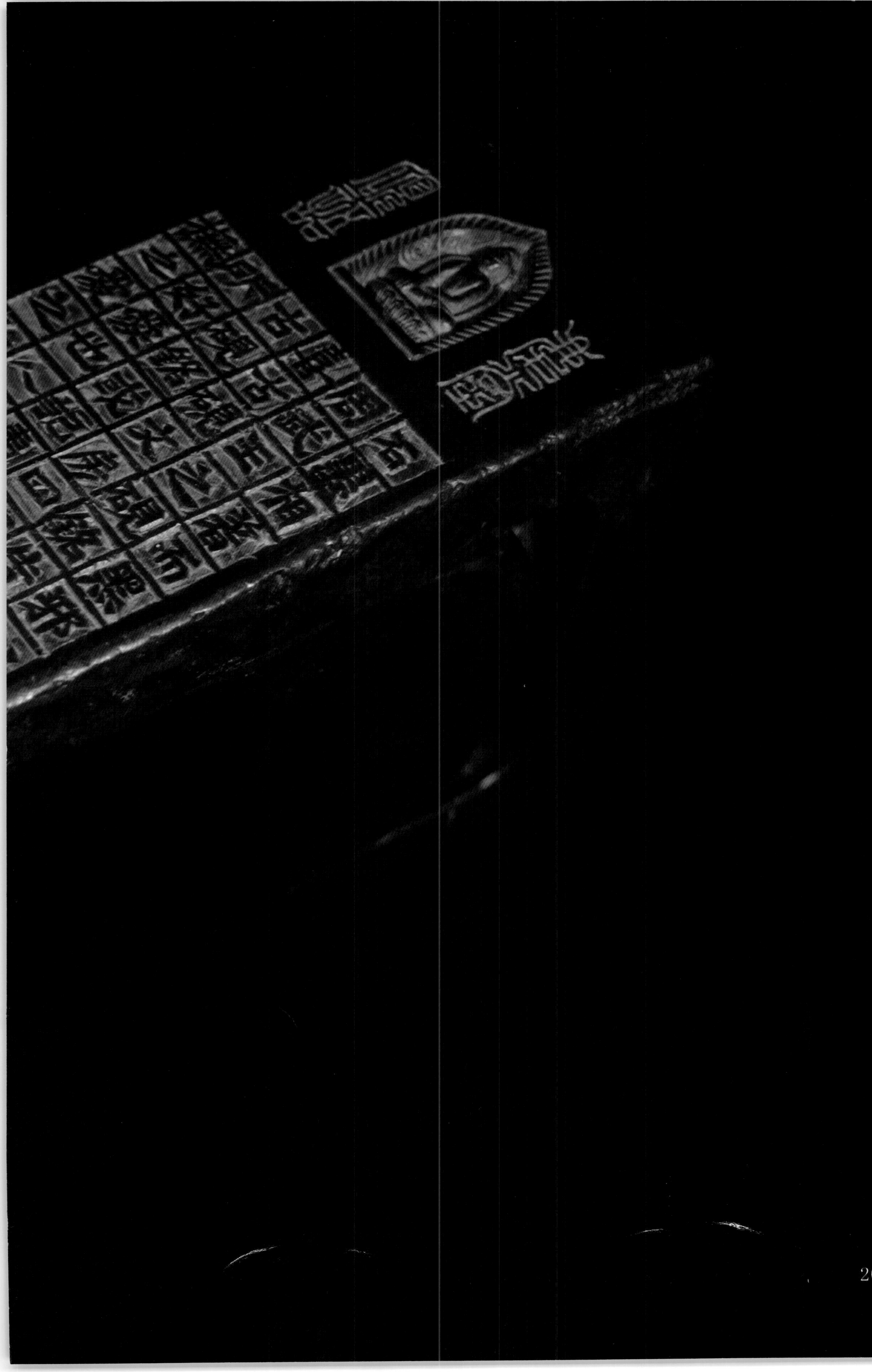

柒拾玖 端州石超大太史硯

歙州石硯板

長 166毫米
寬 108毫米
高　28毫米

刻銘：以玉潤身（印章）
硯有玉骨，得以永年。子曰：君子比德于玉。余每得一古硯如見一先賢，今擬甲金文筆意作銘，故云也。乙未春仲吉日，慶堂孫家潭。

簡述：是硯板長方形樣，端石老性，石面有金黄皮，形制方正。

捌拾壹

端州石淌池硯

長 174毫米
寬 114毫米
高　36毫米

原銘：其質潤而美，其色純而妍，資之以耕，勿負良田。文章綺麗何足貴，將欲漸摩乎，聖賢與結爲隣，其誰曰不然。咸豐庚申花朝日題于棠蔭軒之北窗下，池陽李允誥識。
小、田（印章）

刻銘：懷玉（印章）
懷玉，硯有玉骨，可得永年。以硯比作君子。子曰：君子比德于玉。玉有美德，故云也。乙未三月上浣，慶堂刊銘并記，孫家潭白。

簡述：是硯長方形樣，硯面開傾斜淌池，窄邊。老坑石，石呈紫褐色，硯背平整。縱觀整體，形制簡約，尤其是傾斜淌池開寬大式樣，爲此稀少。

捌拾貳

祁陽石團龍硯

長 198毫米
寬 116毫米
高　27毫米

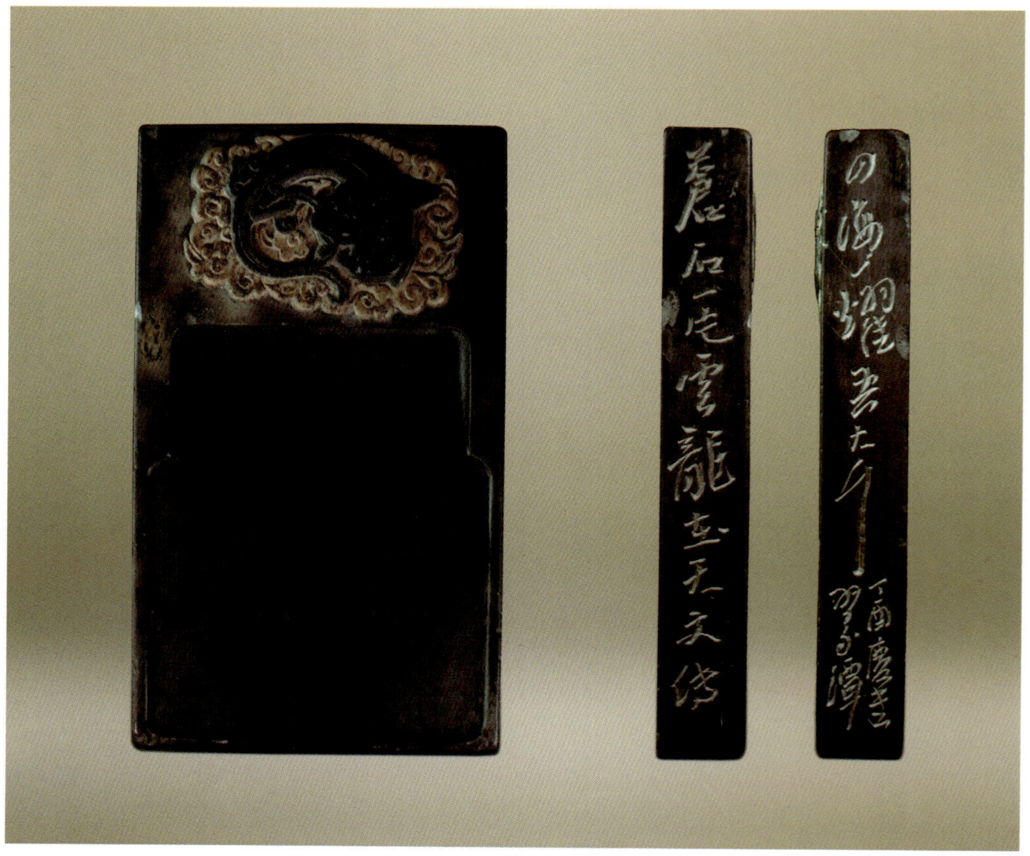

刻銘：蒼石一片，雲龍在天。文傳四海，耀吾大千。丁酉慶堂孫家潭。

簡述：是硯長方形樣，硯面開方池，池上端俏色浮雕雲龍，以祁陽石巧色構思，减地雕刻“白雲托青龍”圖紋。覆手淺平。祁陽石産于湖南省永州市祁陽縣，石質温潤細膩，多呈紫紅或淺緑色石脉。

捌拾貳　祁陽石團龍硯

捌拾叁

歙州石祥雲池圓形三足硯

直徑 150毫米
高　　26毫米

刻銘：真積力久則入，學而至乎没而後止也。集《荀子》句。己亥冬月，慶堂孫家潭。

簡述：是硯作圓形樣，硯面開雲朵形池，周邊起凸綫，硯背呈三足，整體觀之，形、工、味俱佳。老坑石，皮色古美。

捌拾叁　歙州石祥雲池圓形三足硯

捌拾肆

端州石九如圓形硯

直徑 134毫米
高　 27毫米

刻銘：九如（印章）

九如，語出《詩經•小雅•鹿鳴之什•天寶》，此乃祝頌君主詩句。詩句中使用奇妙比喻，連用九個“如”字，如山、如阜、如岡、如陵、如川之方至、如月之恒、如日之升、如南山之壽、如松柏之茂。九如，君能下，下以成其政；臣能歸，美以報其上。大吉大利也！丙申吉日，慶堂銘。

簡述：是硯圓形樣，硯面平整，邊飾花紋。硯側減地雕刻九個不同結體“如”字。淺覆手，老坑石質料細膩。原硬木匣。

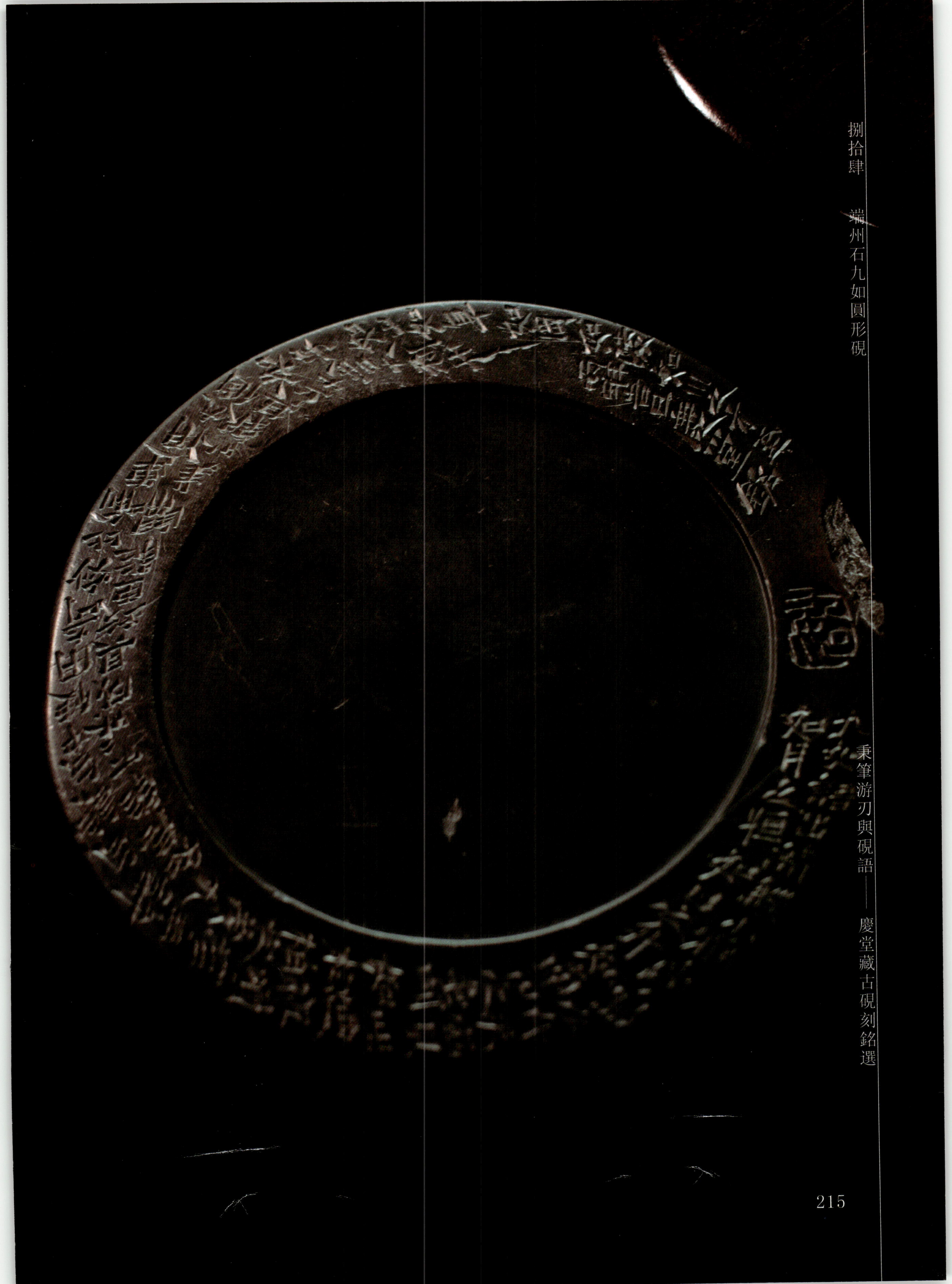

捌拾肆　端州石九如圓形硯

捌拾伍

端州石門字形硯

長 140毫米
寬 90毫米
高 25毫米

刻銘：守住寂寞，與硯同行。丁酉秋月吉日，孫家潭銘。

簡述：是硯長方形樣，硯面開池，硯堂微有磨痕，四邊凸起，覆手淺平。端石呈暗綠色，質料温潤。

捌拾伍　端州石門字形硯

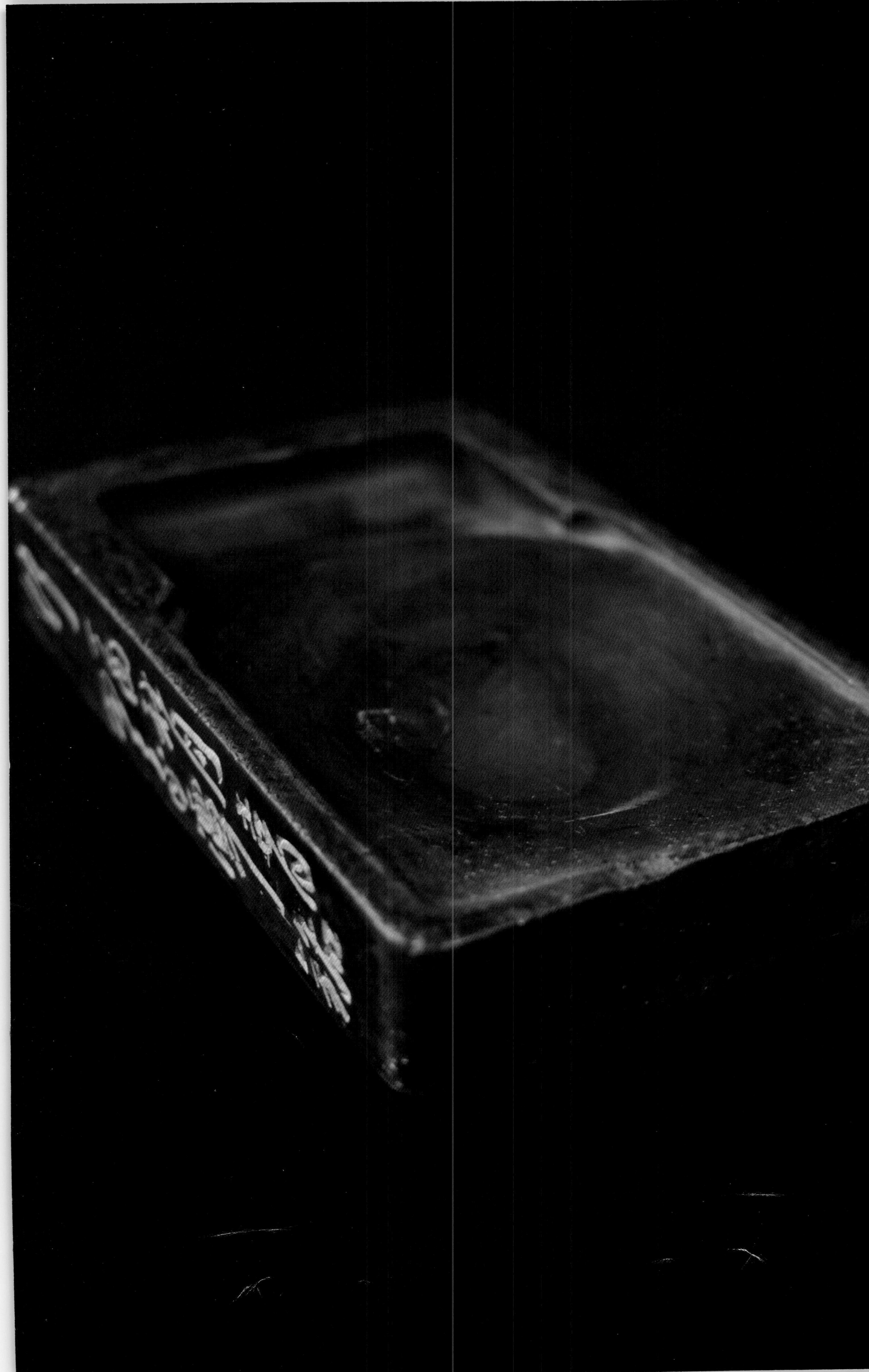

端州石太史硯

長 195毫米
寬　90毫米
高　65毫米

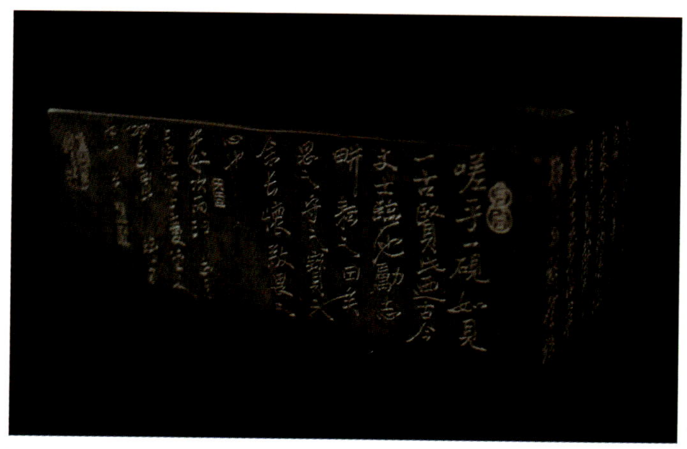

刻銘：硯賦：硯者，文房之寶，文人之佳器也。集博古文雅之形，傳千古龍之文脉。古硯皆美石也，納江山之度量，匯天地之歲月，集彩虹之色相，隱風雲之變幻。文案鋒頭堪藏匿，蘭亭修竹品瑞祥。借甘露以松烟潤，俯仰間可寄永年。處山間，納溪流，涓涓有聲。置堂前，得寧静，而默默無語。嗟乎！一硯如見一古賢，此乃古今文士臨池勵志耕耘之田矣。思之、守之、寶之，余常懷敬畏之心也！歲次丙申正月上浣，沽上慶堂主人孫家潭，時年七十矣。非葉、慶堂、大吉、孫、家潭、真水園主人硯銘（印章）

簡述：是硯長方形樣，硯面開池，池堂有磨痕，四面寬邊，形體修長。質料細膩，石呈紅褐色，爲端石典型老坑。

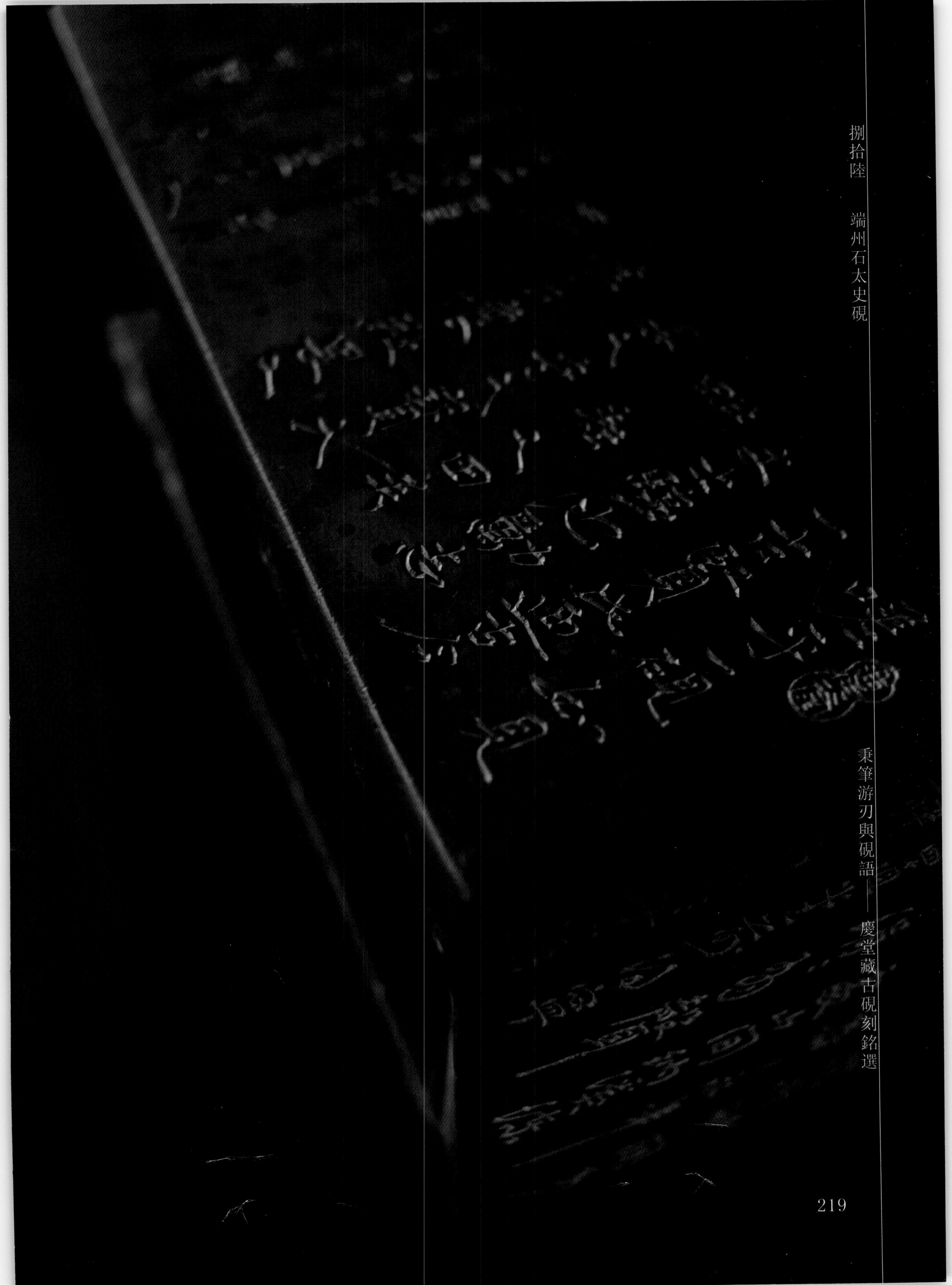

捌拾柒

歙州石淌池太史硯

長 180毫米
寬　97毫米
高　34毫米

刻銘：幽淡青遠，慶堂作銘。
　　　真水園（印章）

簡述：是硯長方形樣，硯面開淌池，四面窄邊，形體規整。石呈灰黑色，質料細膩。有原木蓋。

捌拾柒　歙州石淌池太史硯

捌拾捌

端州石淌池太史硯

長 166毫米
寬 103毫米
高　45毫米

刻銘：志于道，據于德，依于仁，游于藝。乙未慶堂。
　　　真水園（印章）

簡述：是硯長方形樣，硯面開寬池，硯堂磨痕明顯，形制方正。

捌拾捌　端州石淌池太史硯

澄泥蟹殼清琴式硯

長 166毫米
寬 103毫米
高　45毫米

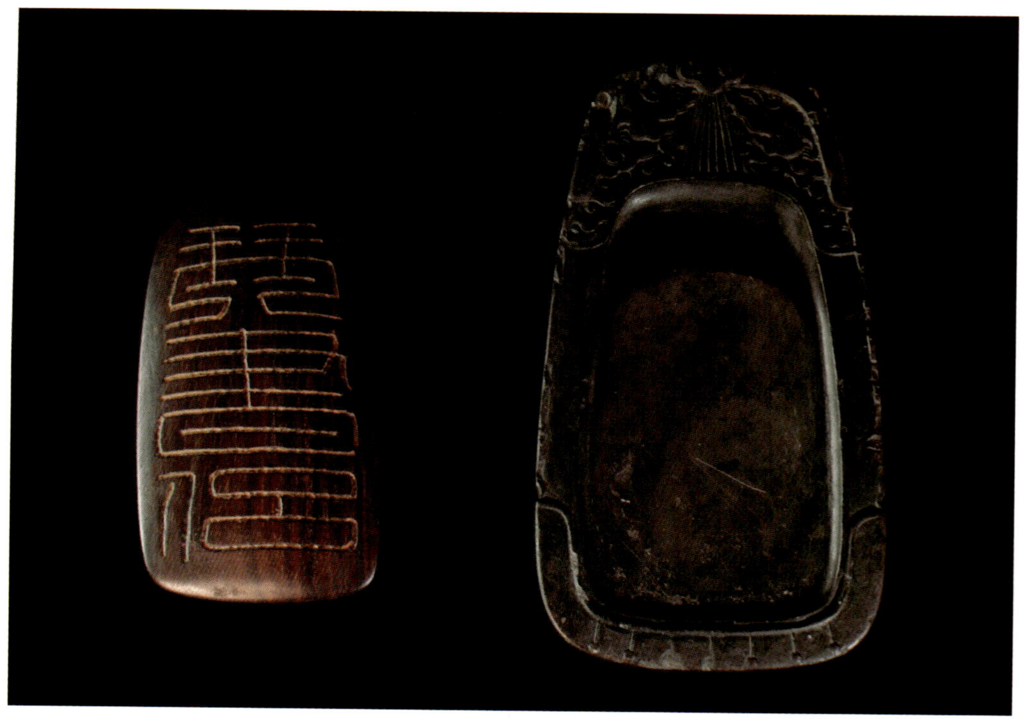

刻銘：心事付瑶琴，家有七弦硯。元代書家白挺有詩云：萬里一硯隨翱翔，一生心事七弦知。古硯與古琴皆舊時文人心愛之物也。癸巳秋仲戲刊家中舊研。沽上土城孫氏後人孫家潭手鑿并記慶堂之北窗。
明月、清風、孫家潭藏硯書字作銘（印章）

蓋銘：琴書侶。

簡述：是硯作琴式樣，硯面開池，硯岡高凸，硯池上端飾雲龍紋，七弦，硯面作寬邊。覆手減地作圭形、琴弦柱，上下邊緣有對應足。澄泥質料細膩，呈蟹殼清色，琴與硯結合，乃古硯傳統造型款式。是硯精工製作，爲上端邊緣有磕碰，觀之古雅怡人。後配硬木蓋。

捌拾玖　澄泥蟹殼清琴式硯

捌拾玖　澄泥蟹殼清琴式硯

玖拾

端州石金皮老梅硯

長 194毫米
寬 135毫米
高　36毫米

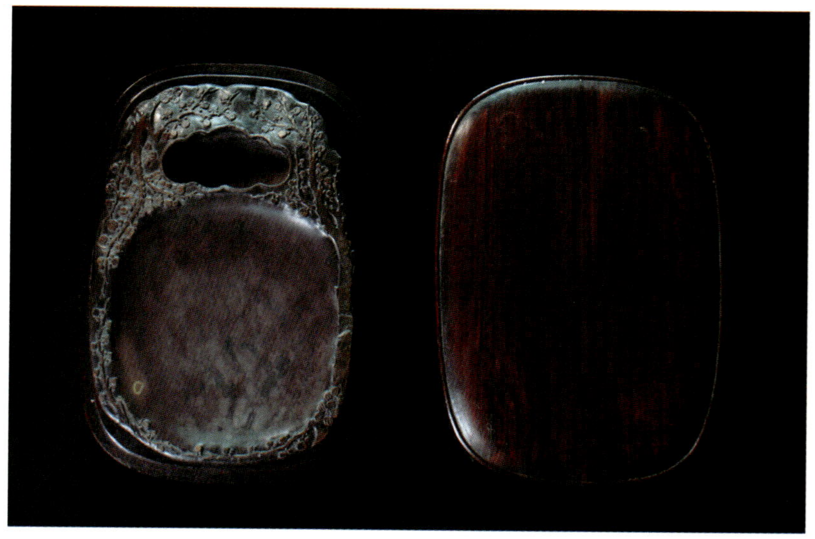

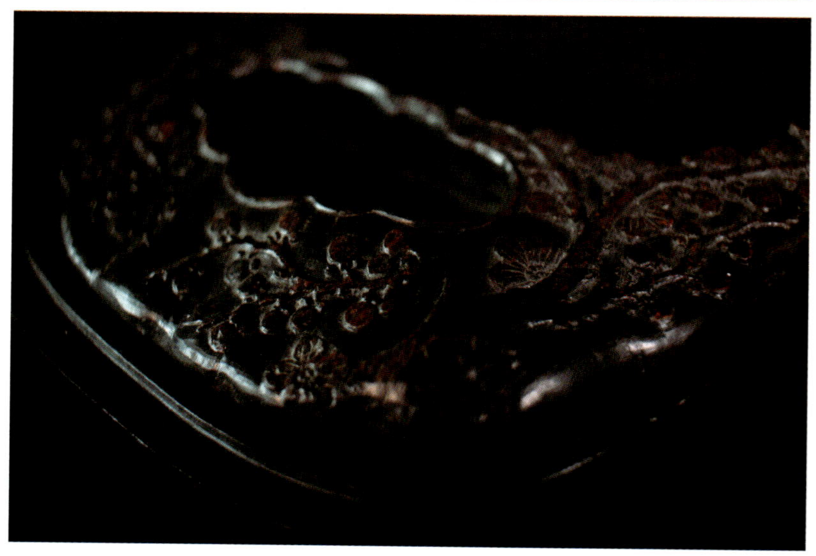

刻銘：吾家洗硯池頭樹，個個花開淡墨痕。不要人誇顏色好，只流清氣滿乾坤。歲乙未初冬，余喜得此硯，錄王冕《墨梅》詩一首，沽上慶堂孫家潭作銘。
慶堂（印章）

簡述：是硯近橢圓形樣，硯面開花池，硯堂微凹，周邊以減地雕刻作梅枝圖，以保留原金色石皮，形成了一方別有風韵的梅花硯。硯堂內見天青色、胭脂姿，石品豐富。原硬木匣。

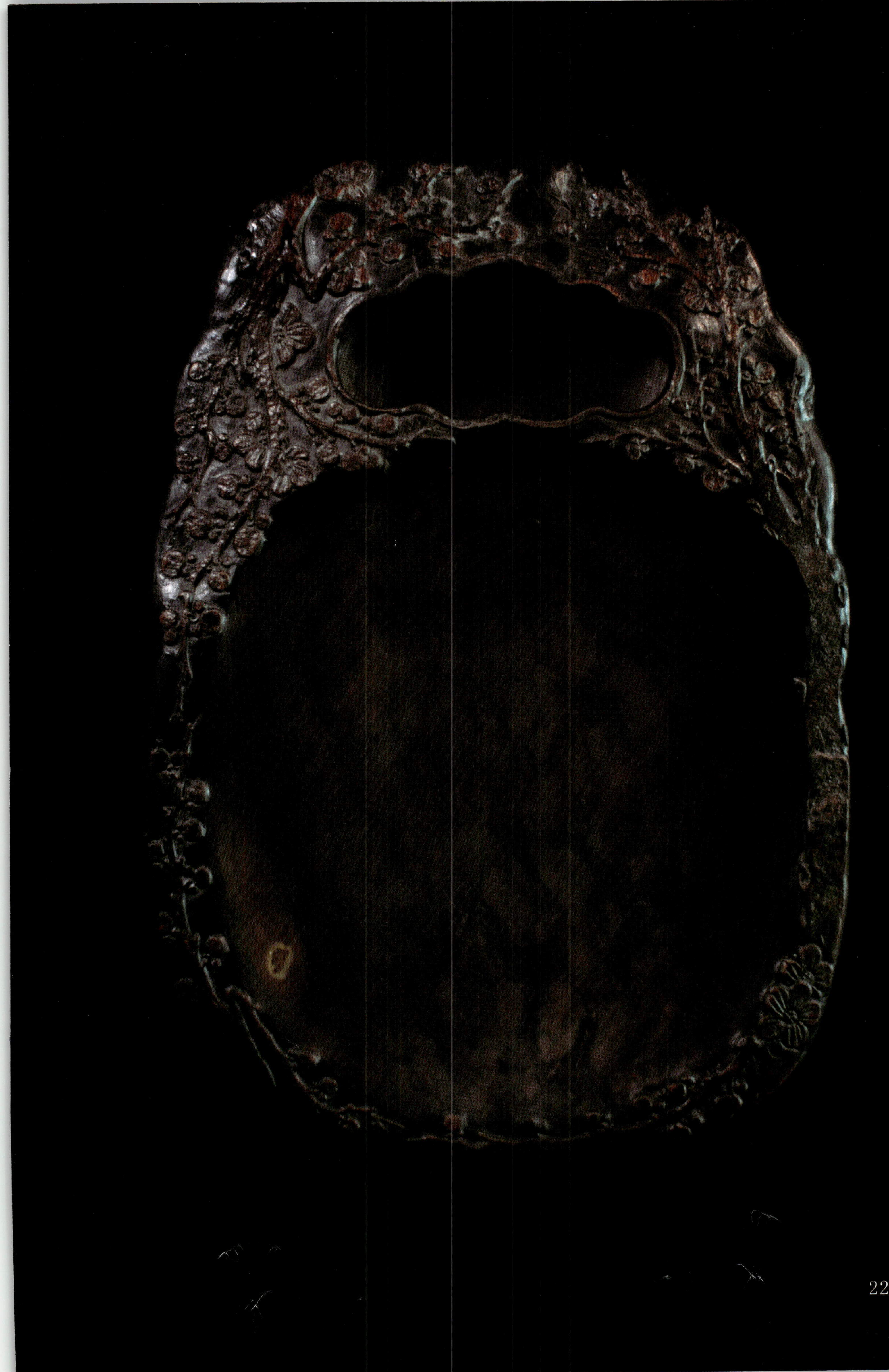

玖拾　端州石金皮老梅硯

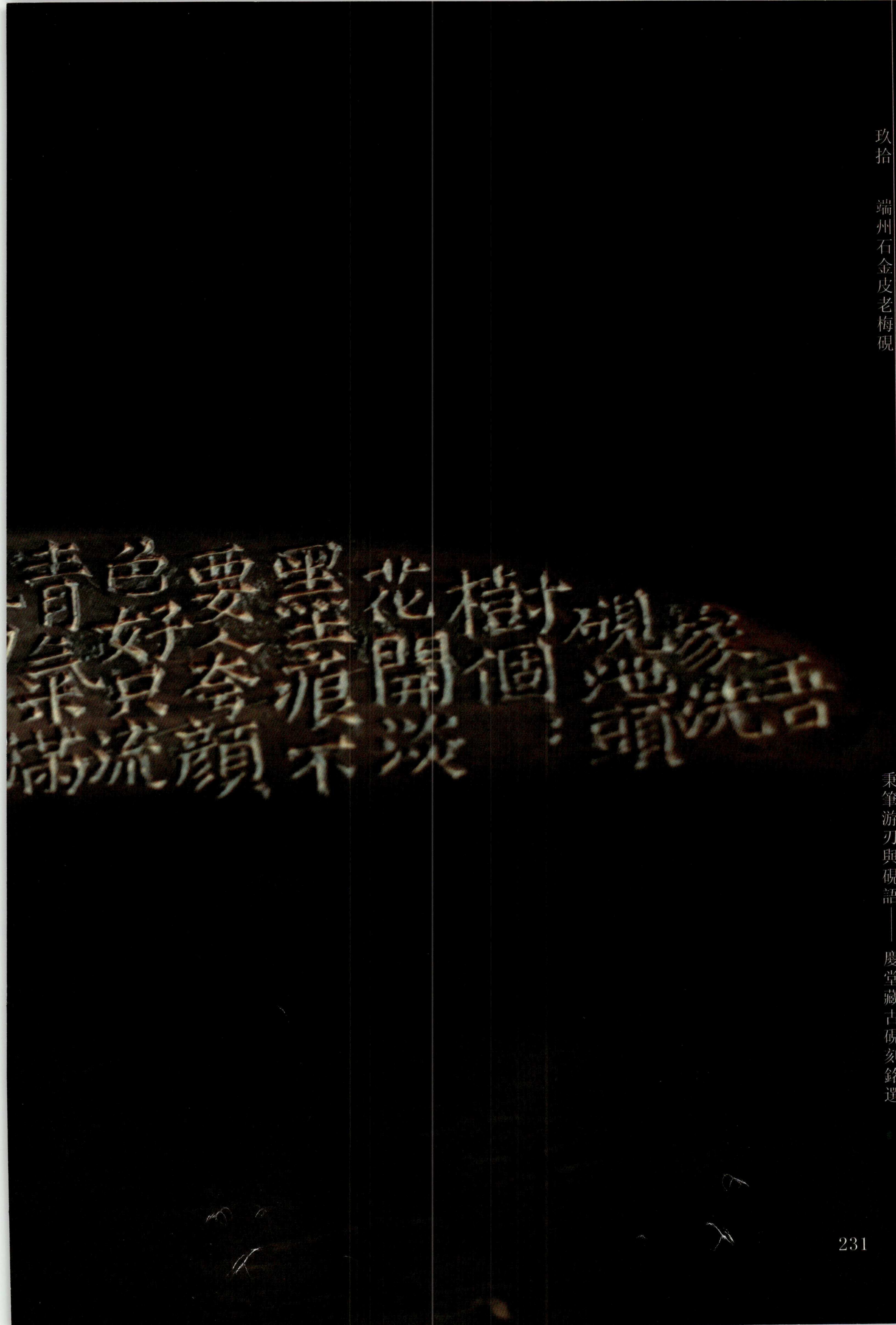

玖拾壹

歙州石雲紋隨形硯

長 210毫米
寬 146毫米
高 34毫米

刻銘：雲無心已出岫。丁酉慶堂孫家潭作銘。

簡述：是硯石作隨形樣，硯面上端飾卷雲紋，雲烟環繞硯面，硯池以其原石凹處巧作。凹池、雲烟，渾爲一體，雲蒸霞蔚，别具匠心。石呈灰黑色，質温潤。

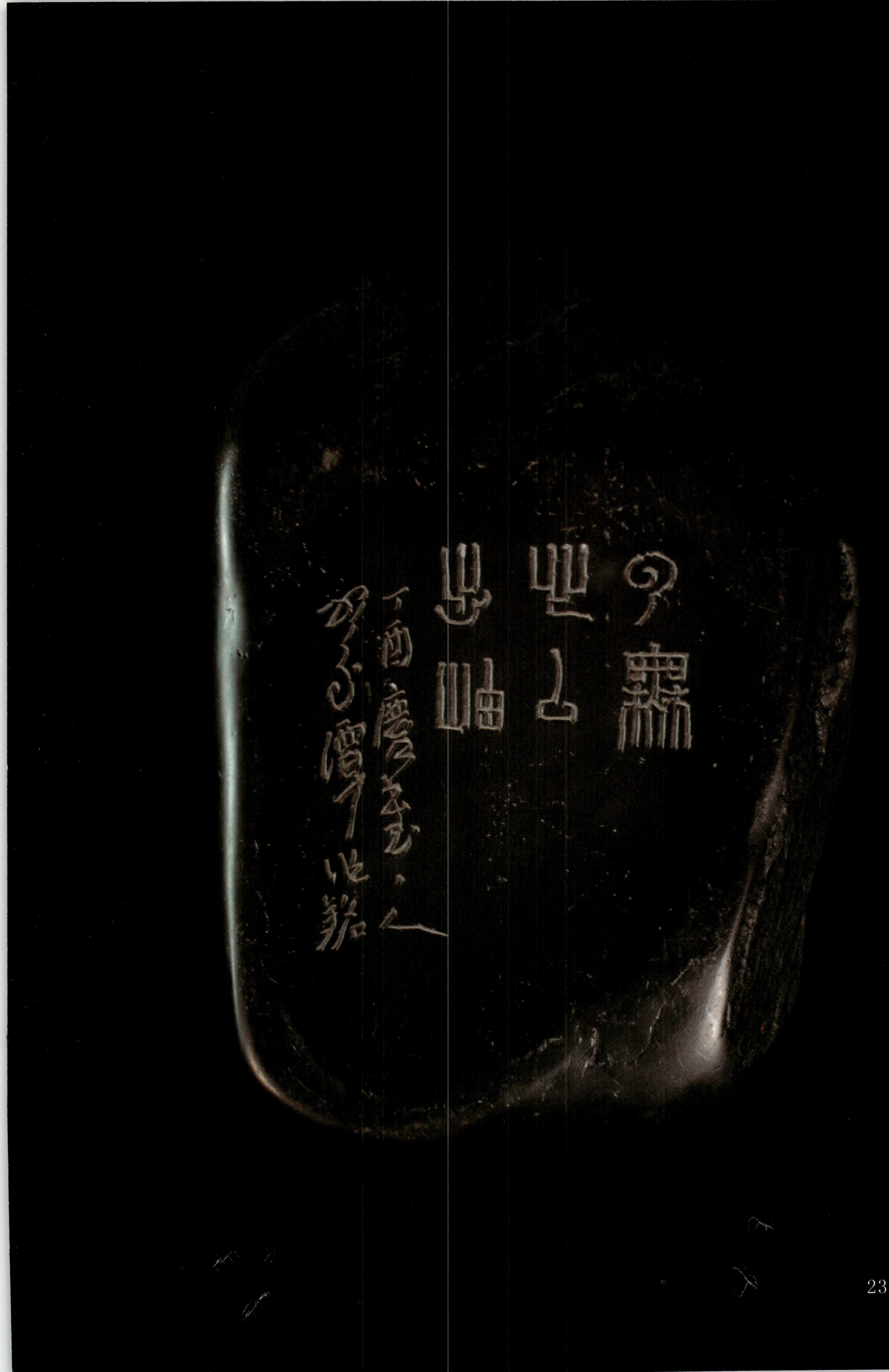

玖拾貳

端州石如意池桃形小硯

長 136毫米
寬　94毫米
高　22毫米

刻銘：慶堂寶玩。

簡述：是硯作桃形樣，硯面開如意池，硯堂作圓形。小硯盈，寓意美好。此硯銘以拆解文字結構筆畫作組合，“銘文”如障眼之法。原硬木匣。

玖拾貳　端州石如意池桃形小硯

玖拾叁

歙州石太史硯

長 200毫米
寬 116毫米
高 58毫米

刻銘：故司隸校尉犍爲楊君頌：惟坤靈定位，川澤股躬。澤有所注，川有所通。余谷之川，其澤南隆。八方所達，益域爲充。高祖受命，興于漢中。道由子午，出散入秦。建定帝位，以漢氏焉。後以子午，途路澀難。更隨圍谷，復通堂光。凡此四道，閡隔尤艱。至于永平，其有四年。詔書開余，鑿通石門。中遭元二，西夷虐殘。橋梁斷絶，子午復循。上則縣峻，屈曲流顛。下則入冥，傾瀉輸淵。慶堂銘。
真水園（印章）

簡述：是硯長方形樣，硯面開池，寬邊。質料細膩油潤，有傳世寶光。原硬木蓋。

玖拾肆

端州石捫參歷井硯

長 158毫米
寬 158毫米
高　36毫米

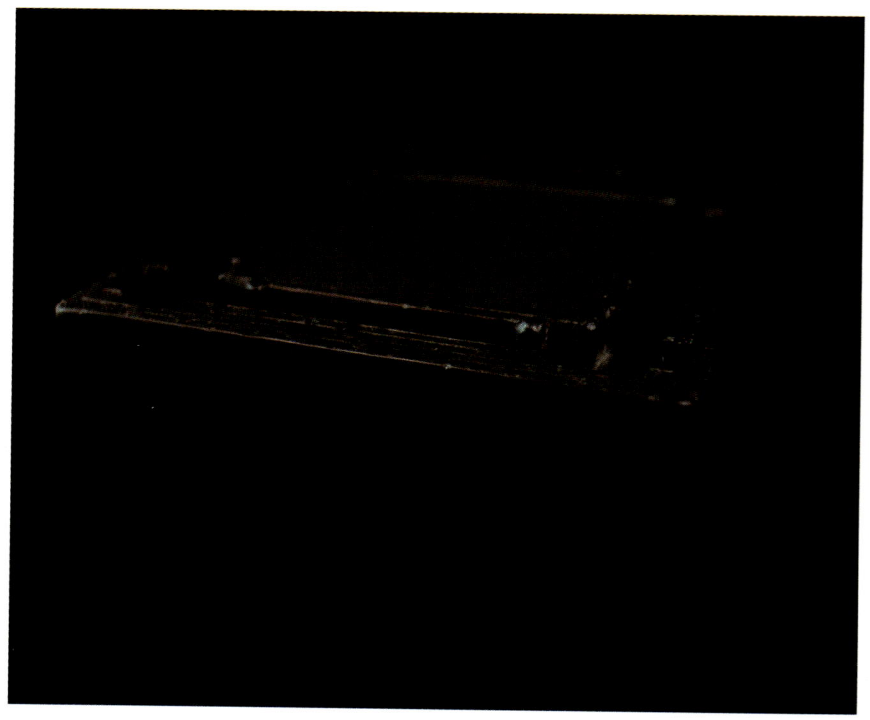

刻銘：墨爲耕，筆爲耘，引智水以灌溉之僉，曰無惡歲焉。
丙申春月沽上慶堂主人孫家潭手鑿。
慶堂（印章）

簡述：是硯正方形樣，硯面開“井”字形水渠，周邊與硯堂四邊飾星座紋。質料温潤，石呈深褐色，覆手平整挺括，形體方正。“捫參歷井”漢語成語，意思指自秦入蜀途中，山勢高峻，可以摸到參、井兩星宿；形容山勢高峻，道路險阻。亦形容世路艱難。出自《蜀道難》。是硯取其寓意造硯。

玖拾肆　端州石捫參歷井硯

玖拾伍

歙州石隨形雲水硯

長 200毫米
寬 198毫米
高　40毫米

刻銘：佳硯有子石，雲水作禪心。天人合一物，硯工獨匠心。
丁酉秋慶堂銘。
雲水禪心（印章）
非葉、孫（印章）

簡述：是硯隨形樣，硯面飾雲水紋，以石面之凹處巧作硯池，下邊緣飾海浪紋。整體觀之，雲水流動如漫天蓋地，纏綿無盡，蔚爲大觀，盡顯硯工奇妙構思與嫻熟刀工，以隨型石飾雲水紋雕硯，天人合一。質料細膩烏黑，暗含寶光。

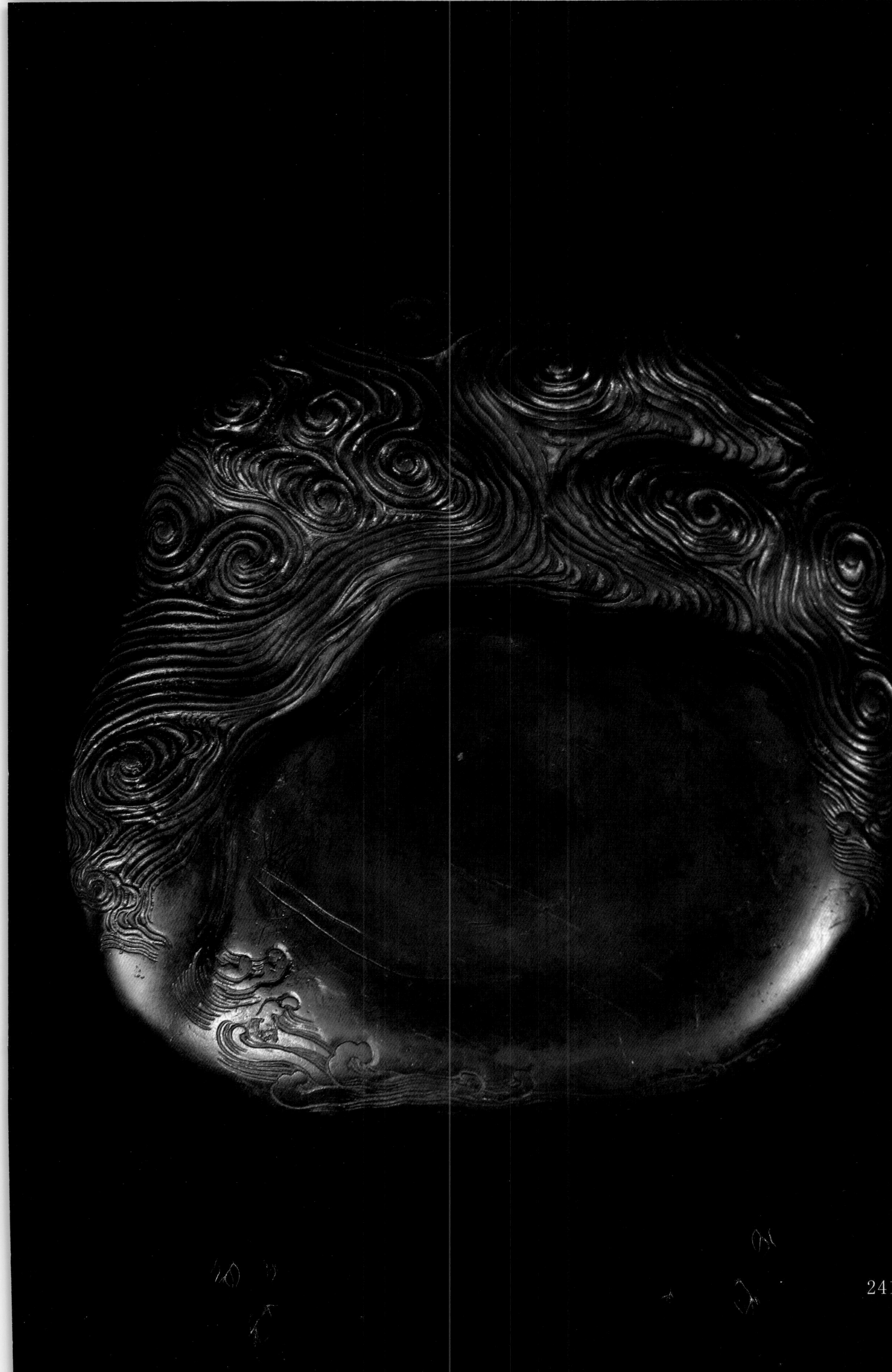

玖拾伍　歙州石隨形雲水硯

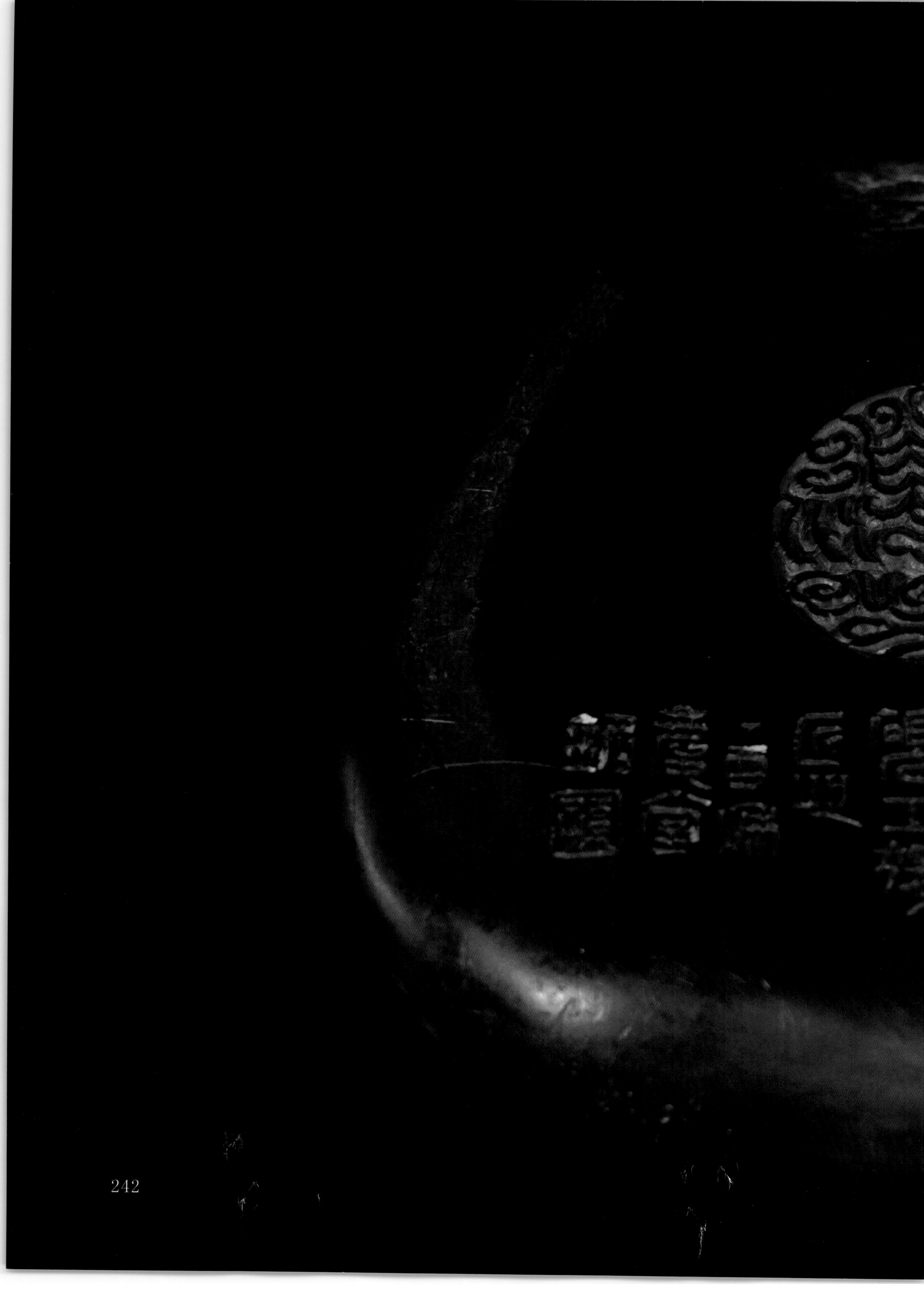

玖拾伍　歙州石隨形雲水硯

玖拾陸

端州石九如圓形硯

直徑 122毫米
高　 40毫米

刻銘：三多九如。丁酉秋月慶堂孫家潭銘。
三多九如（印章）

簡述：是硯圓形樣，硯面開環形水渠，邊緣飾螭龍紋，覆手平整，中心仿漢瓦當淺浮雕“永壽嘉福”瓦當，周邊飾九個“如”字。整體觀之，雕工繁縟，近未使用。石呈深紫色，硯池内有天青，老坑。雕工、質料一流。原天硬木地蓋。

玖拾陸　端州石九如圓形硯

玖拾柒

歙州石瓦形硯

長 162毫米
寬 110毫米
高　37毫米

刻銘：道在瓦甓。沽上土城孫氏後人，慶堂主人孫家潭藏。

簡述：是硯作瓦形樣，硯面開月牙池，周邊減地起綫，硯堂呈橢圓形，內有魚籽紋斑點。瓦硯兩側內卷。硯背深凹拱起，弧綫挺括，質料溫潤，石呈黑漆色。

玖拾捌

端州石太史殘硯

長　180毫米
殘寬 58毫米
高　 44毫米

刻銘：游仙半壁畫，隱士一床書。語出北周庾信《寒園即目詩》句。今夏幸得此半硯以此句銘。庚子孫慶堂白。

簡述：是硯長方形樣，殘硯由中間劈開，現存爲左側半邊，不影響平穩擺放。是硯以斷面觀察，硯面開深池直落，硯崗高凸，硯背呈斜坡狀，體態豐腴，一覽太史硯解剖開來的側視流綫變化。

玖拾玖

端州石特大仿生竹節硯

长 294毫米
宽 195毫米
高 65毫米

原銘：汗簡。康熙戊戌四年春，紀昀敬藏硯。
吴郡（印章）

刻銘：鑿山骨以爲硯，静爲用得永年。
慶堂主人寶玩、日利、敬事、千秋、大吉、永隆、長樂、孫（印章）

蓋銘：聽蟬。

簡述：是硯作仿生特大竹節樣，整體上窄下寬，呈圓形竹節剖开狀，凸形硯面開月牙池，硯池沿邊緣減地起綫作橢圓形硯堂，上下兩端截面内斂，兩側面弧綫緩落，形成拱形。硯背深挖呈三竹節狀。是硯形體仿生工藝精緻，尺寸碩大并不顯笨拙。質料潤澤，暗含寶光，傳世古硯中，製作如此巨大形體仿生竹節硯却爲稀少。後配硬木蓋。

玖拾玖　端州石特大仿生竹節硯

壹零零

和田玉太史硯

长　15毫米
宽　92毫米
高　65毫米

刻銘：慶堂主人寶玩（印章）

簡述：是硯長方形樣，硯面開深池，硯邊雕刻夔龍紋，硯岡、硯池邊處雕刻有蟾蜍、蛇作裝飾。硯池内、硯牆側面沁色明顯。玉硯古以有之，傳世多見平板狀，作太史硯形制稀少。

壹零零　和田玉太史硯

壹零壹

端州石（白端）硯板

長 167毫米
寬 110毫米
高　20毫米

刻銘：清白傳家。癸巳春仲，真水園孫家潭銘。

簡述：是硯長方形樣，白端硯板，質料溫潤如玉，表面微微泛黄，近未使用。原硬木匣。

壹零壹　端州石（白端）硯板

壹零貳

端州石歲寒三友遮月硯

長 136毫米
寬　94毫米
高　24毫米

刻銘：梅竹松月，養吾心性。乙未八月上浣，慶堂孫家潭白。

簡述：是硯長方形樣，硯面開半月池，上邊緣浮雕梅、竹，硯邊起唇綫。淺覆手，右側減地浮雕老松，作一枝舒展。石呈深紫色，近未使用。“松竹梅”合稱歲寒三友，此三種植物，在寒冬時節仍可保持頑强的生命力而得名，是傳統文化中高尚人格的象徵。原硬木匣。

壹零貳　端州石歲寒三友遮月硯

壹零叁

歙州石乳足圓形內蟬硯

直徑 105毫米
高　　27毫米

刻銘：如如不動，吉祥止止。沽上土城孫氏後人慶堂主人孫家潭藏。

簡述：是硯圓形樣，硯面減地雕刻內蟬形，開池深，硯池內呈魚籽紋斑點，邊緣內收，硯背三足飽滿，石呈灰黑色。原硬木匣。

壹零肆

端州石（白端）博古紋硯

長 180毫米
寬 124毫米
高 20毫米

刻銘：白雲一握，清供文房。
撫石相思，慶堂寶玩。

簡述：是硯長方形樣，硯面開長方池，上邊左上角飾長鼻象，與周邊博古紋相連接，淺覆手內減地浮雕卧鹿形，觀之硯石微泛黄色，工藝典雅簡練，質潤如玉，形、工、味，俱佳。原硬木匣。

壹零肆　端州石（白端）博古紋硯

壹零伍

端州石（白端）博古紋雙螭龍硯

長 176毫米
寬 123毫米
高　24毫米

刻銘：敬以内直，義以方外。端人正士，是用有成。丁酉春月，沽上慶堂孫家潭作銘。

簡述：是硯長方形様，硯面開長方斜坡狀池，硯岡處作浮雕“結繩”紋様，寓意高古。硯面上邊欄處相對浮雕螭龍紋，與硯邊凹凸綫連接，雕工雅致，硯背淺覆手平整，質料潔白如玉，當爲文房逸品。原硬木匣。

壹零伍　端州石（白端）博古紋雙螭龍硯

壹零陸

端州石風字形高眼硯

長 238毫米
寬 156毫米
高　48毫米

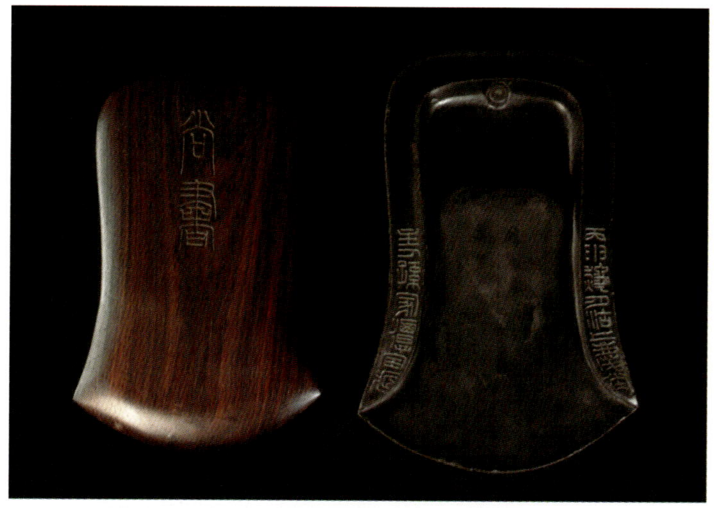

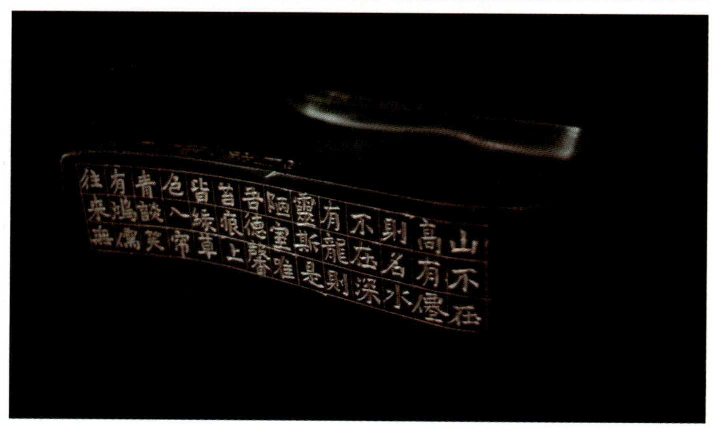

刻銘：丙申秋月，沽上慶堂主人孫家潭寶玩。
山不在高，有仙則名。水不在深，有龍則靈。斯是陋室，惟吾德馨。苔痕上階緑，草色入簾青。談笑有鴻儒，往來無白丁。可以調素琴，閲金經。無絲竹之亂耳，無案牘之勞形。南陽諸葛廬，西蜀子云亭。孔子云：何陋之有。慶堂銘。

蓋銘：尚書。

簡述：是硯作“風”字樣，硯面開深池，上邊緣處留有一柱高眼。硯岡高凸，硯面作寬邊微凹，硯背呈鵝腹形，留有兩柱眼。質料光亮，石呈青黑色，左處硯墻有修復。後配硬木蓋。

壹零柒

端州石隨形山水紋大硯

長 208毫米
寬 165毫米
高　20毫米

刻銘：慶堂藏硯自作銘，四體雲烟慶堂書。天謂慶堂樂于此，慶堂刀筆獨自行。辛丑春仲，慶堂主人孫家潭作銘。

簡述：是硯作隨形樣，硯面、硯池及周邊飾山水紋，遠山湖影、一葉輕舟、樹木花草、茅屋亭舍，曲徑通幽……爲典型廣式硯雕刻特點。凸顯意境，追求寫意不寫實的表現手法，于傳世或近現代硯制中却不多見。原硬木匣。

壹零柒　端州石隨形山水紋大硯

壹零捌

端州石超大太史硯

長 230毫米
寬 128毫米
高 88毫米

刻銘：佛造像、般若心經

觀自在菩薩，行深般若波羅蜜多時，照見五蘊皆空，度一切苦厄。舍利子，色不异空，空不异色，色即是空，空即是色，受想行識，亦復如是。舍利子，是諸法空相，不生不滅，不垢不浄，不增不減。是故空中無色，無受想行識，無眼耳鼻舌身意，無色聲香味觸法，無眼界，乃至無意識界。無無明，亦無無明盡，乃至無老死，亦無老死盡。無苦集滅道，無智亦無得。以無所得故，菩提薩埵，依般若波羅蜜多故，心無罣礙。無罣礙故，無有恐怖，遠離顛倒夢想，究竟涅磐。三世諸佛，依般若波羅蜜多故，得阿耨多羅三藐三菩提。故知般若波羅蜜多，是大神咒，是大明咒，是無上咒，是無等等咒，能除一切苦，真實不虛。故説般若波羅蜜多咒，即説咒曰:揭諦揭諦波羅揭諦波羅僧揭諦菩提薩婆呵。

甲午吉日孫家潭沐手敬刊。

簡述：是硯長方形樣，硯面開深池，寬邊減地飾“S”形連續圖紋。石呈紫褐色，尺寸超大，形制規整。原硬木天地蓋。此硯余手鑿佛造像，沐手敬刊《般若波羅蜜多心經》全文。

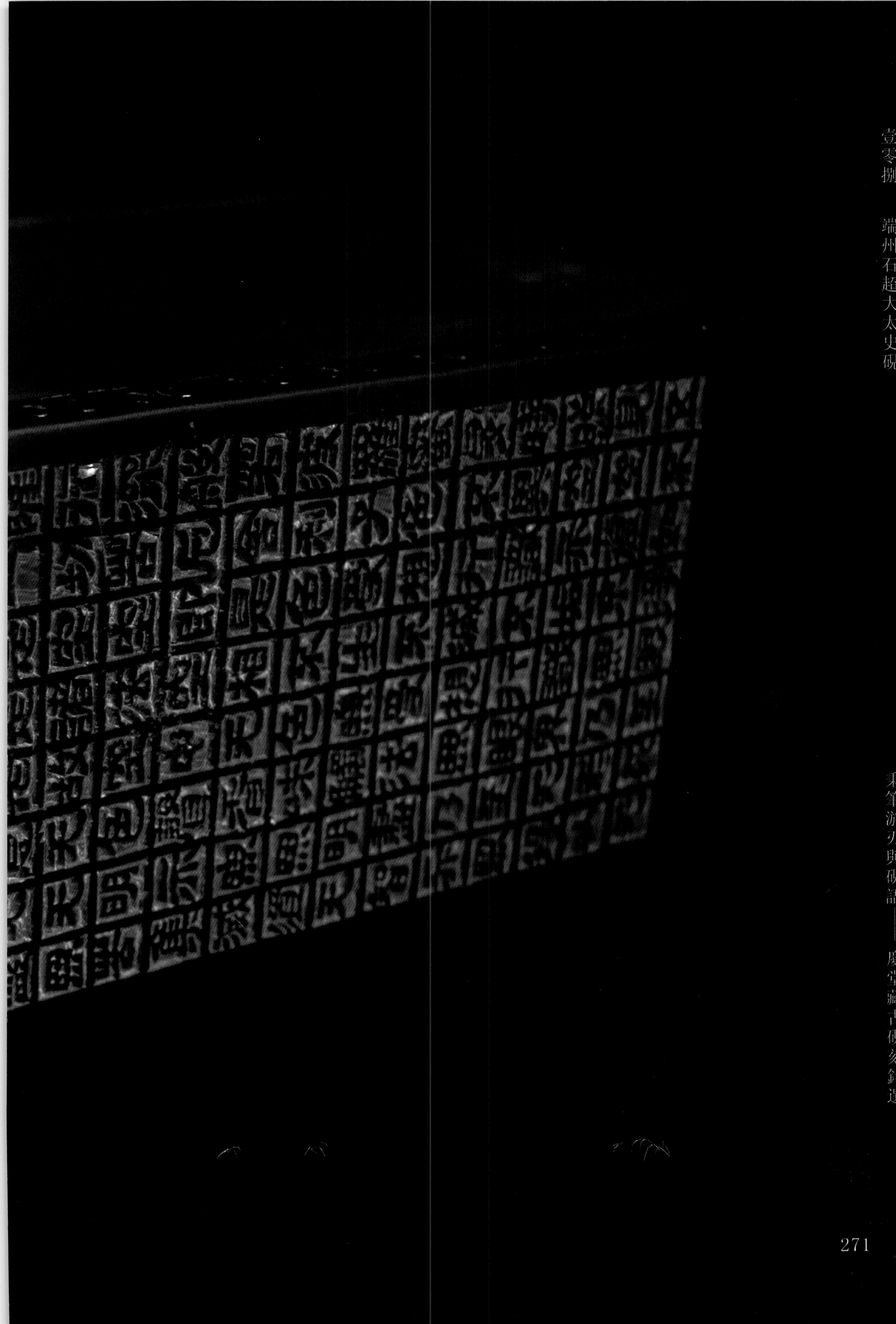

壹零捌　端州石超大太史硯

壹零玖

端州石太史硯

長 180毫米
寬 98毫米
高 36毫米

舊銘：石潜吴君風雅好古，積廿餘年精力聚硯百枚菁華，誠足觀也！頃承見視，書此志佩。庚子上日，杭州朱景彝書。
朱氏（印章）

刻銘：石潜景彝是前賢，遺有古研在人間。慶堂有緣來相識，原本都是西泠人。歲次癸巳金秋吉日，余喜得是硯，頗多感懷，今撫石相思，刊此并記，以續先賢之雅事也。天津慶堂孫家潭白。
一日相中伴此生（仿漢瓦）、慶堂（印章）

簡述：是硯長方形樣，開深池，寬邊。硯堂磨痕深凹，可見先賢用工之勤。硯背綫面挺括，質料烏黑光亮，綿如墨玉。原刻銘文中吴石潜，爲西泠印社“創社四君子”之一，朱景彝爲西泠印社早期社員。此硯銘見證了一段西泠印社先賢與古硯收藏、刻銘和鮮爲人知的一段交往軼事。

壹零玖　端州石太史硯

壹零玖　端州石太史硯

壹壹零

端州石（白端）瓶形硯

長 173毫米
寬 108毫米
高　35毫米

刻銘：子系合姓，家傳清白。潭水得深，藏之養人。余藏頭作連讀，博君一粲耳。甲午秋孫家潭銘。

簡述：是硯長方形樣，硯面開寬邊圓形小池，硯堂起綫與圓形小池連接作瓶形，瓶形周邊減地，與硯面四邊形成雙邊。淺覆手平整，質料潔白潤滑，有結晶體。

壹壹零　端州石（白端）瓶形硯

壹壹壹

端石大西洞蓬萊仙境硯

長 196毫米
寬 132毫米
高 27毫米

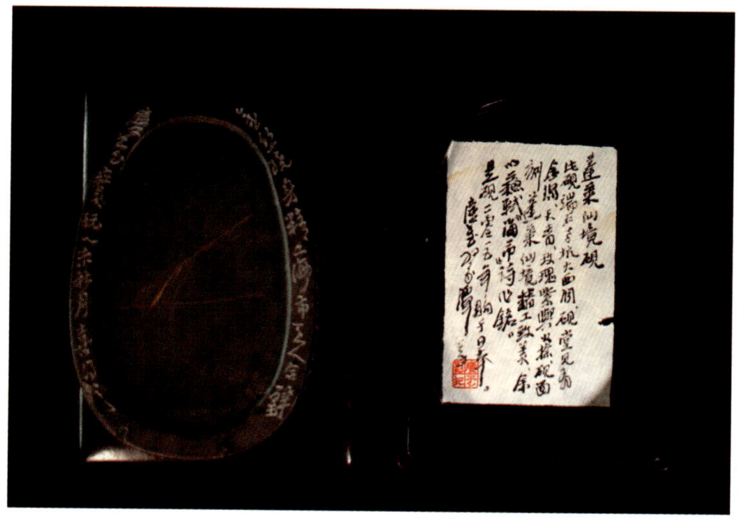

刻銘：予聞登州海市舊矣，父老云常出于春夏，今歲晚不復見矣。予到官五日而去，以不見爲恨，禱于海神廣德王之廟，明日見焉，乃作此詩。東方雲海空復空，群仙出没空明中。蕩摇浮世生萬象，豈有貝闕藏珠宫。心知所見皆幻影，敢以耳目煩神工。歲寒水冷天地閉，爲我起蟄鞭魚龍。重樓翠阜出霜曉，异事驚倒百歲翁。人間所得容力取，世外無物誰爲雄。率然有請不我拒，信我人厄非天窮。潮陽太守南遷歸，喜見石廩堆祝融。自言正直動山鬼，豈知造物哀龍鍾。信眉一笑豈易得，神之報汝亦已豐。斜陽萬里孤鳥没，但見碧海磨青銅。新詩綺語亦安用，相與變滅隨東風。蘇軾《海市詩》，慶堂主人孫家潭銘。金絲繞身，精工“海市”。天人合璧，慶堂寶玩。乙未秋月喜得之。

簡述：是硯橢圓形樣，硯面周邊減地精工淺浮雕“海市蜃樓”圖紋，畫面中亭臺樓閣林立，山石林木叢生，其雕刻細緻入微，環繞硯堂周邊。是硯正面與覆手均見有冰紋金綫，石呈胭脂紫色，淺覆手與邊緣有魚腦凍，質料爲典型端州大西洞大名響品，擊之木聲，撫之柔潤，爲歷代製硯首選珍貴石品。原硬木匣。

壹壹壹　端石大西洞蓬萊仙境硯

壹壹貳

澄泥鱔魚黄仿生蕉葉鳴蟬硯

長 208毫米
寬 125毫米
高　40毫米

刻銘：蕉窗有蟬聲。歲在乙未正月，余幸得此硯甚喜，沽上慶堂孫家潭白。
蟬鳴五更曉時分，蕉窗夜有讀書人。慶堂躬耕今猶在，撩開蕉葉始見文。撫硯思古人，故志此銘，慶堂又記。

簡述：是硯橢圓形様，硯面以蕉葉卷曲、折叠形成卷邊。右上角圓雕蟬一隻，其神態生動逼真。是硯泥質細膩，色呈橘黄，有光澤。硯背亦作蕉葉狀，葉梗、葉脉刻畫仿真，蕉葉卷曲、交錯折叠。以蕉葉題材製硯，選澄泥作質料，塑蟬蜕變作隱喻，集工匠之硯藝。

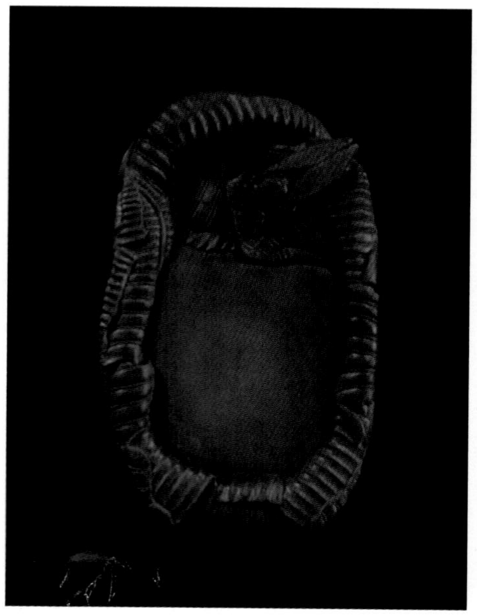

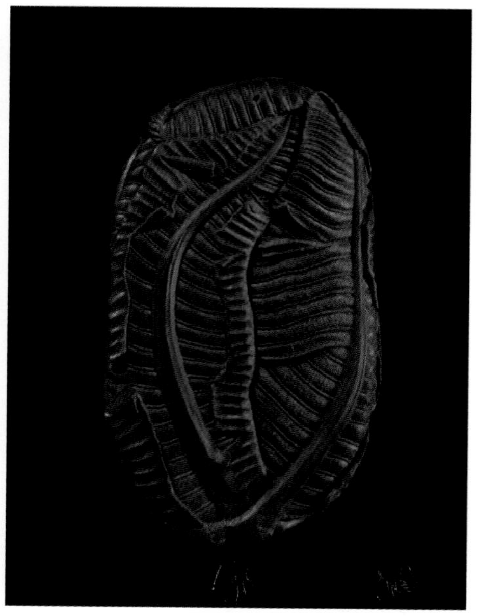

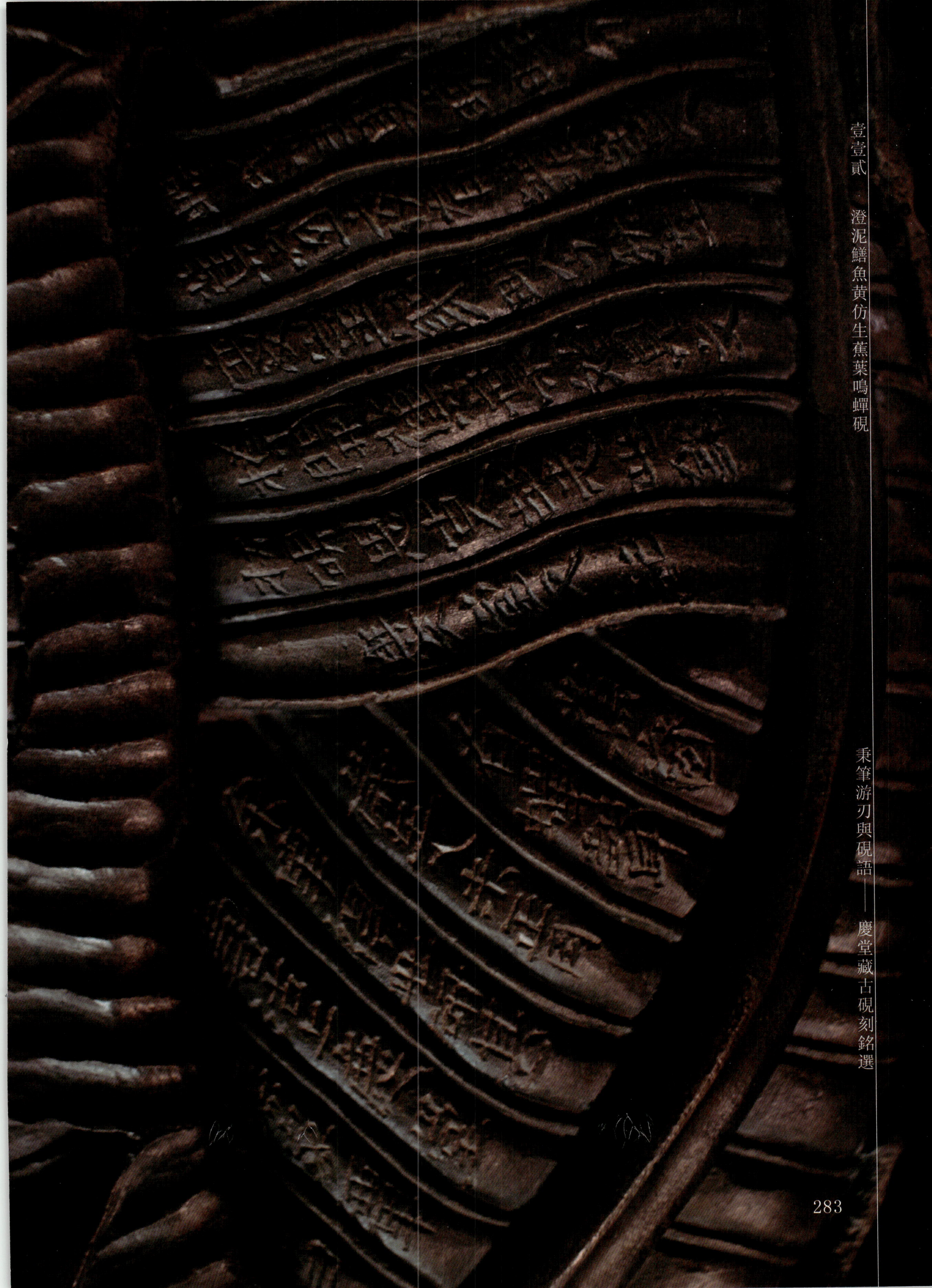

壹壹貳　澄泥鱔魚黃仿生蕉葉鳴蟬硯

壹壹叁

歙州石超小蟬硯

長 104毫米
寬　68毫米
高　21毫米

刻銘：研濡墨，修德仁，藏古硯，面先賢，余之樂事也。古人云：無硯不文人。宋蘇軾《硯譜》言：四寶硯爲首，筆墨兼紙皆可隨時收索，可與終身者唯硯而已。辛丑三月慶堂主人孫家潭白。

簡述：是硯作蟬形樣，硯面開深池，邊作蟬形曲綫，硯背作蓮梗足，黑皮。古硯超大尺寸難求，小硯亦此，携帶便捷，一掌可玩。

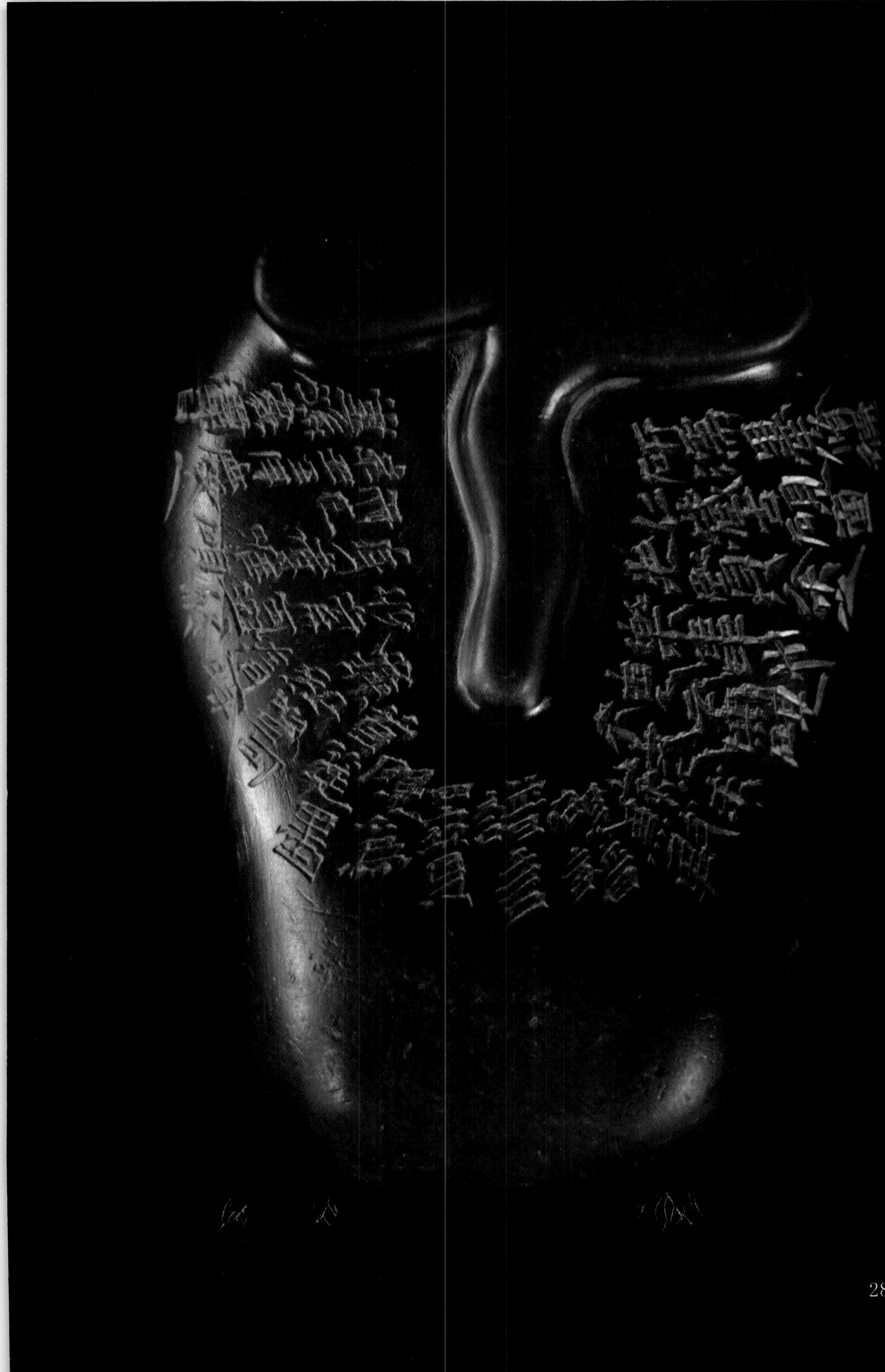

壹壹肆

陝州澄泥王玉瑞款八卦大硯

長 220毫米
寬 220毫米
高 25毫米

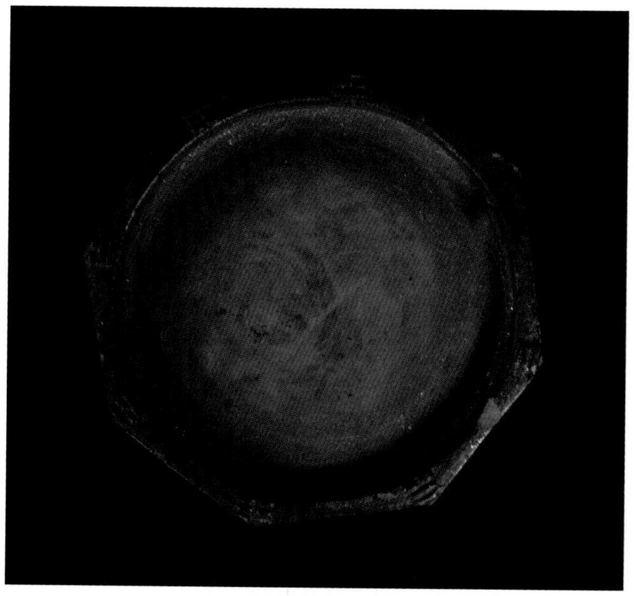

舊銘：盧敬硯、陝州工藝局澄泥硯王玉瑞造、河南陝州澄泥古硯人馬寨村玉瑞堂造、盧敬硯、富貴昌宜侯□（印章一組）

刻銘：零落成泥碾作塵，衹有香如故。放翁句作銘也。相心，應也。庚子春月，沽上慶堂主人孫家潭刊記。

簡述：是硯作八邊形樣，硯面開圓形池，周邊飾“八卦”紋，右側有流。硯背一角老殘，硯面曾挂釉，澄泥呈深褐色，泥胎内閃銀砂點點。以硯背印鑒及相關資料考證，此硯當爲清末官方監管製造。

壹壹伍

端州石門字形硯

長 158毫米
寬 107毫米
高 22毫米

刻銘：門字硯乃古硯中之一種，除了視覺上工整之外，還應包含有其自身文化，隱喻有入門與出門之分。青燈黄卷，勵志艱辛，可謂入門；十年面壁，金榜題名，又可謂出門，達到人生的轉變。此門字硯墨池邊雕刻有夔龍紋，其精工古美。龍乃華夏之象徵，硯爲文房之寶，頗多中國元素，傳我龍之文脉也。歲在丙申秋，余賞硯有感，刊此并記，慶堂主人孫家潭白。

蓋銘：弄墨。丙申吉日慶堂孫家潭。

簡述：是硯長方形樣，硯面開池，起綫呈門字形，淺覆手，綫面規整。後配硬木蓋。

壹壹陸

端州石巨大雲龍硯

長 355毫米
寬 265毫米
高　58毫米

刻銘：硯者，藏文人之心也。其與文最合，與藝最融，與德最近，硯乃古人用情最深銘心之物耳。丙申慶堂作銘。
非葉、長樂、孫家潭藏（印章）

簡述：是硯隨形樣，硯面上端減地浮雕雲龍紋飾，凹處巧作硯池，雕刻面積大，質料烏黑細膩，硯背微凹。雲龍紋飾爲古硯雕刻中主要題材。此硯巨大，硯面雙龍首相對，龍首、身、爪、尾部與祥雲之中時隱時現，觀之雲蒸霞蔚，氣象萬千。

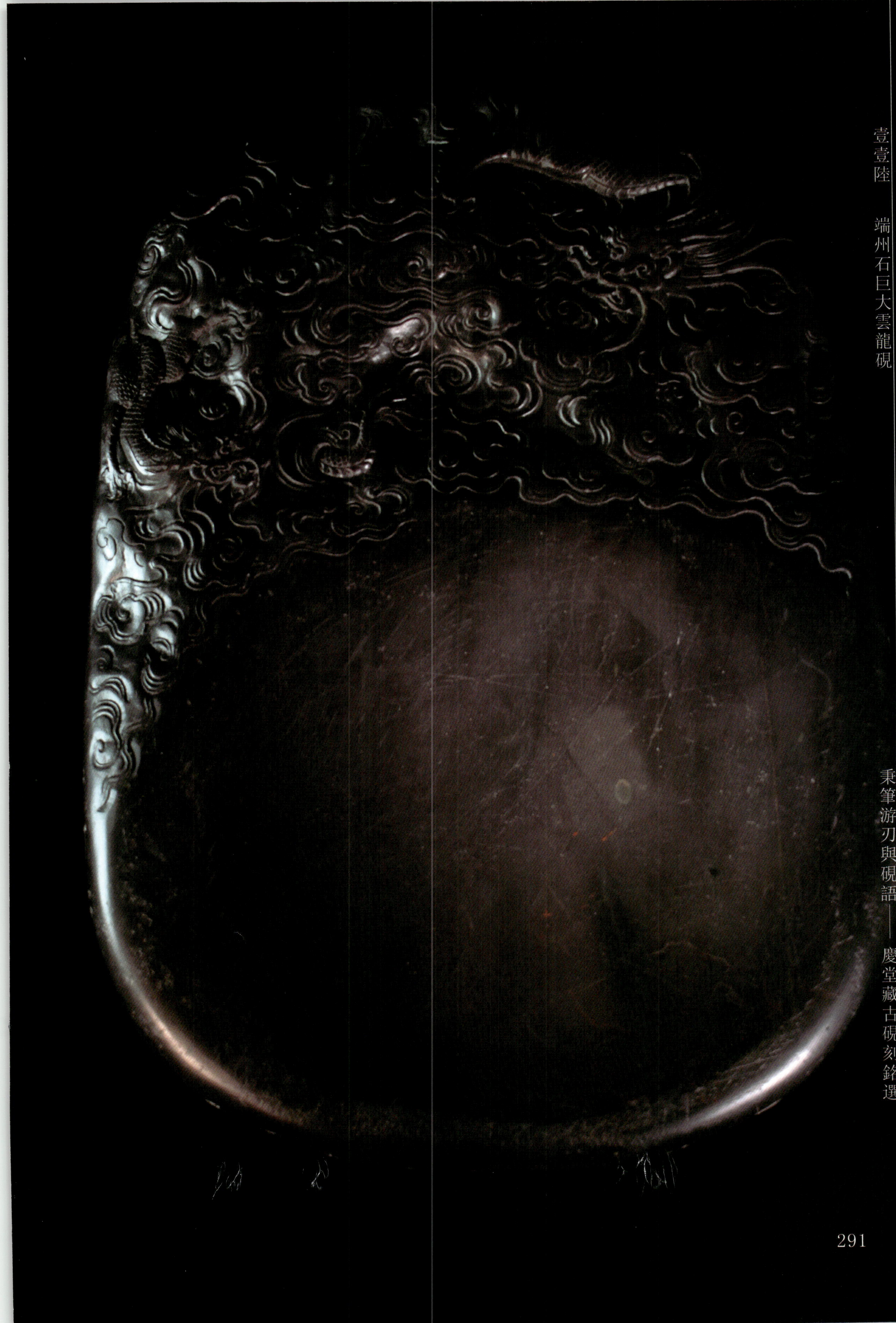

壹壹柒

青州紅絲石鼓形大硯

直徑 173毫米
高　　78毫米

原銘：百研齋辛字第十硯。
　　　星父（印章）

刻銘：孫公用硯，傳子子孫孫萬世無疆。
　　　沽上土城孫氏後人慶堂孫家潭銘（印章）

簡述：是硯鼓形樣，硯面開環形水渠，鼓形上下邊緣處飾鼓釘紋。淺覆手，石呈微紅色，夾雜深褐色文理。紅絲石産于青州。

壹壹柒　青州紅絲石鼓形大硯

壹壹捌

端州石蘭池小硯

長　96毫米
寬　77毫米
高　24毫米

刻銘：助吾説經。乙未春仲慶堂主人孫家潭銘。
　　　大吉、慶、堂（印章）

簡述：是硯長方形樣，硯面開蘭形小池，硯堂作满月，周邊飾祥雲紋，淺覆手。石呈深紫色。小硯厚重敦實。

壹壹捌　端州石繭池小硯

壹壹玖

歙州石福雲硯

長 143毫米
寬 100毫米
高 　17毫米

刻銘：此硯作“蝠”“雲”之形，亦可謂“福雲”也。乙未慶堂主人孫家潭白。

簡述：是硯作橢圓形樣，硯面開池，周邊起唇綫。硯岡位置減地浮雕蝙蝠、雲紋，刀工游刃，如信手拈來。質料潤澤，石呈烏黑色，小硯形制飽满。

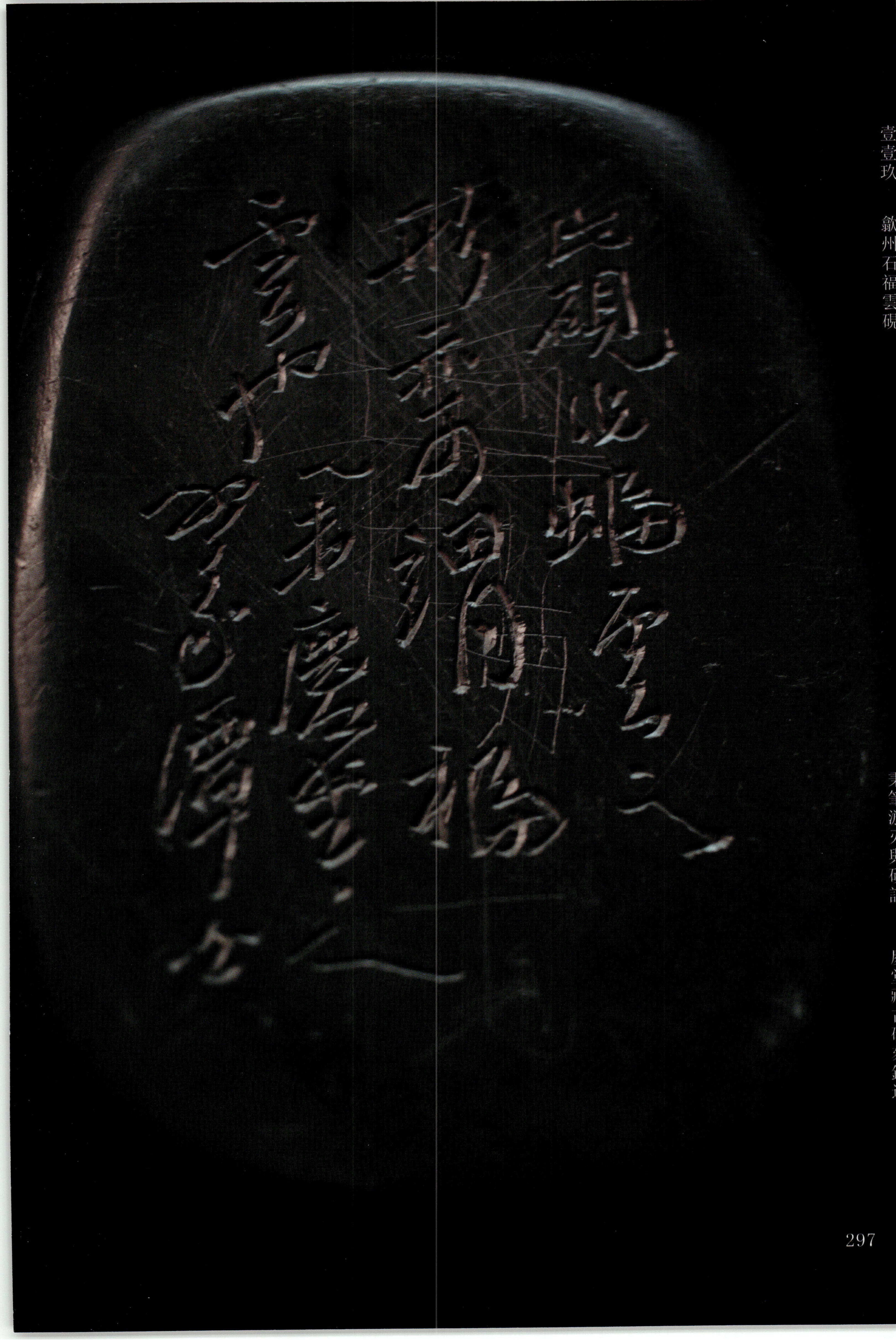

壹壹玖　歙州石福雲硯

壹貳零

澄泥鱔魚黄硯磚

長 186毫米
寬 130毫米
高　43毫米

刻銘：壽（方元押）

宋元以降，傳有押印。其結構花式，一筆以貫之。今擬其筆意作“壽”字銘。己亥余逢亥，慶堂孫家潭白。

簡述：是硯磚長方形様，澄泥呈金黄色，形體樸厚端莊。

壹貳壹

端石硯板

長 172毫米
寬 108毫米
高　30毫米

刻銘：修遠（仿漢半瓦）
　　　修遠。庚子孫家潭銘。
　　　非葉（印章）

簡述：是硯板長方形樣，澄泥呈淺褐色，邊角磕碰。

壹貳壹　端石硯板

壹貳貳

端州石半月小硯

長 104毫米
寬　79毫米
高　23毫米

刻銘：案頭有雲月竹影。丁酉慶堂孫家潭。

簡述：是硯長方形樣，硯面開半月池，窄邊。池邊減地雕刻竹葉與卷雲紋，月影横斜，竹影摇曳，寥寥數刀，信手拈來。淺覆手，石呈紫褐色。原硬木匣。

壹貳貳　端州石半月小硯

壹貳叁

端州石雲紋滿月硯

長　88毫米
寬 118毫米
高　25毫米

刻銘：月雲有五態，君子德立身。白紙落黑字，天下憑良心。慶堂打油詩作銘，歲乙未秋仲孫家潭白。

簡述：是硯長方形樣，硯面减地浮雕滿雲紋，硯堂形如圓月，雕工精湛，寓意美好。

壹貳叁　端州石雲紋満月硯

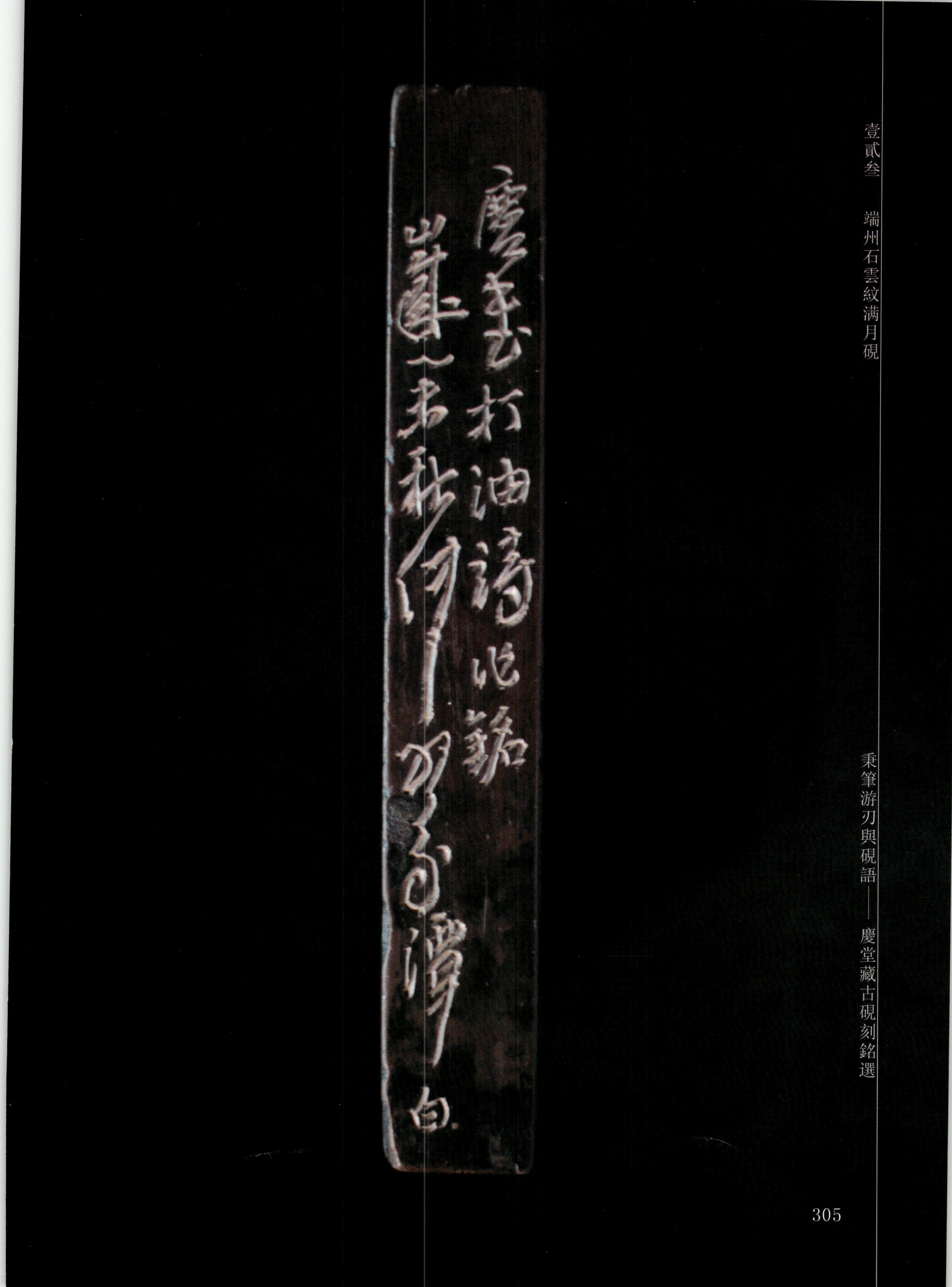

壹貳肆

端州石瓶式小硯

長　68毫米
寬　38毫米
高　11毫米

刻銘：秉筆游刃與硯語。慶堂銘。

簡述：是硯長方形樣，硯面開雙耳瓶形池，淺覆首平整，石呈淺綠色，尺寸奇小。

壹貳肆　端州石瓶式小硯

壹貳伍

端州石龍馬負圖書硯

長 205毫米
寬 126毫米
高　43毫米

刻銘：黄河浮龍馬，背負河圖書。游刃戲鑿硯，慶堂老刀功。
庚子慶堂鑿研并作銘也，孫家潭白。
長毋相忘、慶堂（印章）

簡述：是硯長方形樣，硯面左上角開小池，池邊圓雕龍馬造型，其面朝天，雙前肢左右撑開至池邊，附身相視，背負圖書。龍馬造型憨態，其鬃毛、雙角、眉、耳、目、鼻、口，誇張變形，五官俱全。質料細膩，石品呈天青、玫瑰紫色。

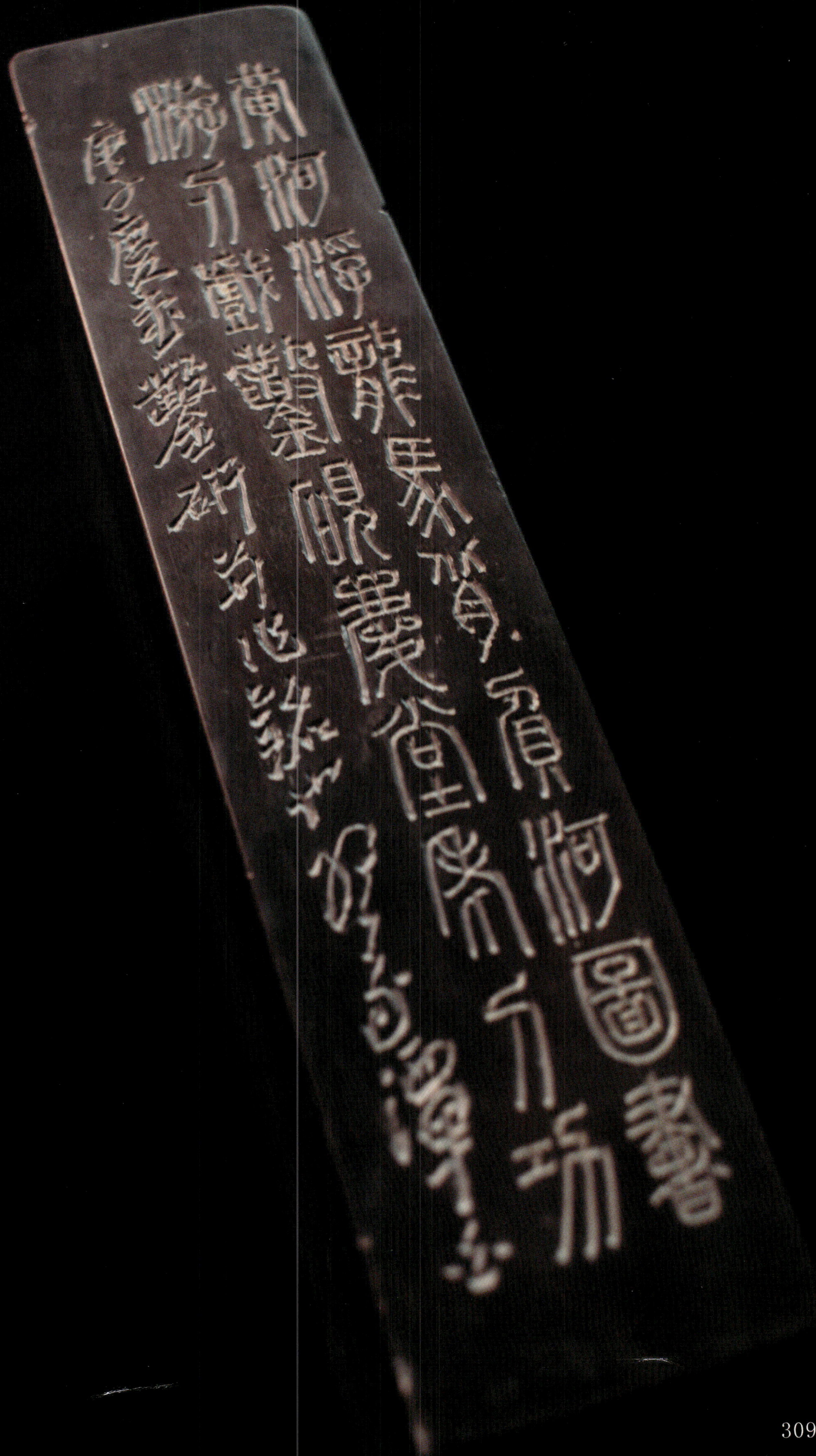

壹貳陸

歙石大蟬硯

長 365毫米
寬 220毫米
高　90毫米

刻铭：蟬硯與天津印社。《史記•屈原賈生列傳》載：“蟬蜕于濁穢，浮游塵埃之外，不獲世之污垢。”蟬，從幼蛹蜕變成展翅高飛之成蟲，從地下升到高空，在短暫時間裏完成一個個羽化生飛生命蜕變，整個生命歷程象徵着一種神奇變化和轉生。

古硯作蟬形，暗喻古時讀書人期待通過科舉而金榜題名，以改變人生命運的期望。歷代文人常以蟬的餐風飲露爲高潔自持之象徵。因此，古人十分推崇硯作蟬形，用來表達相應的寓意。蟬硯傳世多見，作如此之大者珍稀。

津門自古文人薈萃，善治印者首推先賢王雪民，其後爲恩師蘭雲、馮星伯、齊志源、楊魯安諸公。歲在丙子暮春，公元一九九六年六月，沽上印人結社，名曰：“大海。”大海印社爲“天津印社”之前身。成立于天津經濟技術開發區，其倡導者孫家潭。印社成立之時發行“首日封”，同時舉辦當代篆刻家邀請展，此爲初創時期。壬午冬月，公元二〇〇二年，“大海印社”經批准變更爲“天津印社”，推舉社長爲孫家潭，副社長顧志新、周保民、盧善啓、孟昭麗、楊鳳儀、張福義、李厚鵬、陳福春等人，印社三周年之際，天津人民美術出版社出版發行了《天津印社作品集》，此卷集百餘印人，乃天津建衛六百年來首部印人專著。二〇〇六年經西泠印社批准，我社設爲“華北賽區”，負責天津、北京、河北省、山西省、内蒙古五省市賽事活動。連續八年配合西泠印社組織開展“西泠百年”大型系列動。此爲發展階段。時在戊戌春，公元二〇一八年六月，天津印社迎來新變革，由印社理事田晋華成立天津印社文化發展有限公司，以公司扶持資助天津印社之發展。田晋華理事的鼎力支持，給予了天津印社造血功能與可持續發展之生命力。印社在原領導成員基礎之上，增補周古祺、劉群、劉斌三位副社長，形成新一届成員班子。金秋十月，天津印社將喬遷新址，坐落于天津濱海新區，同時將舉辦大型慶典活動。印社將繼續秉承優秀傳統，保存金石，弘揚印學，繼往開來，迎來新時期大發展。沽上孫其峰、楊魯安爲當代書畫大家，爲我社名譽社長。“大海印社”成立之初，得先師楊魯安先生命名，變更“天津印社”，後楊魯安先生并再次叮囑用好這塊金字招牌……回顧印社之成長發展，都離不開老師與同仁的關心支持。

歲在戊戌七月，此大蟬硯爲田晋華君所得，并結緣天津印社。

大蟬硯歙石、精工、超大巨製，傳世數百年，得如此大硯者難逢機緣，重器必得之重用也！今以“雲蒸霞蔚”作銘，雲霧彩霞升騰，聚集我社，借此蟬硯“鳴遠”，當一派繁盛景象，天津印社宏圖大展矣。余跋文記之。古硯，爲歷代文房之重器，承載着五千年中華文明發展，傳龍之文脉！天津印社喬遷之日將其敬上位，用作振社之寶也！公元二〇一八年秋慶堂銘。

簡述：是硯作蟬形樣，硯面開深池，硯體邊緣兩側對稱，形成蟬形曲綫，硯背作高蓮梗足。黑漆皮，尺寸碩大，在傳世古硯中超大尺寸者少，而此硯琢刻成大蟬形，相對更爲稀少。

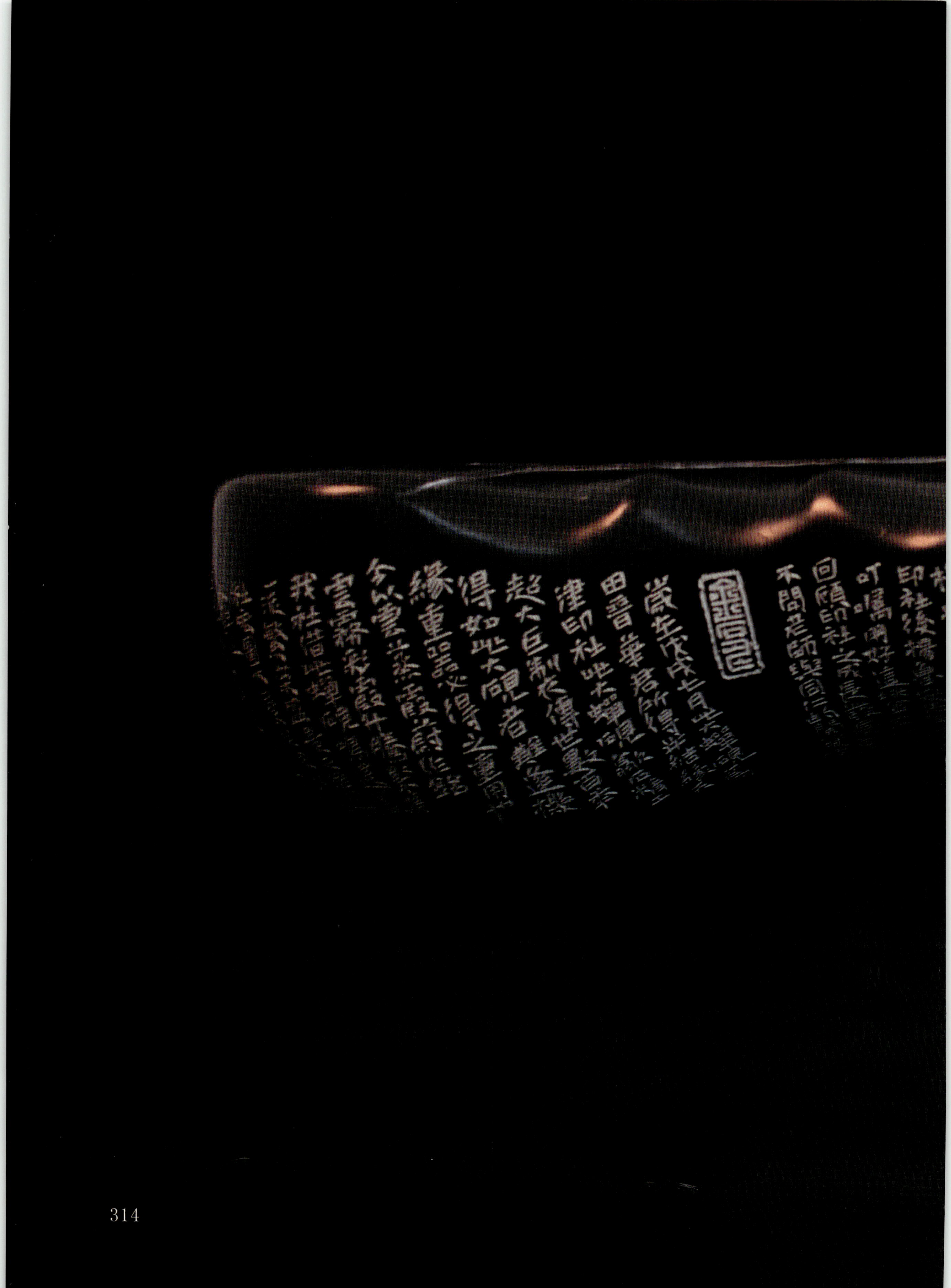

贰·附录一

慶堂藏硯

這裏收録慶堂部分宋元以來歷代老硯臺，質料分别爲陶瓷、玉、竹木、象牙、銀質等，作爲歷代古硯用材，具有其特殊性，簡介附于此。

壹

三足陶硯

長　11毫米
寬　87毫米
高　28毫米

簡述：是硯作“風”字樣，硯面開傾斜池，背雙足，硯邊欄挂灰色釉，陶胎較爲粗糙，硯面呈灰褐色。

八思巴字太史硯

貳

長 105毫米
寬　75毫米
高　25毫米

刻銘：（造字）對讀漢字：干干竿肝奸玕笴簳犴豻秆旰干干矸

簡述：是硯長方形樣，硯面開小池，硯堂刻畫作瓶形，兩側硯墻亦刻劃有幾何紋飾，硯池、硯面周邊、硯背面施青色釉，硯背正中刻劃一八思巴字。八思巴字爲元代朝廷于公元1269年頒行天下作爲譯寫一切文字的國書。元時期古硯斷代困難，而刻劃記有八思巴字古硯幾近孤品，是硯得于江西。有關此字的解讀無法確定，故將其所對應漢字全部列示。

叁

青花海水紋瓷硯

直徑 130毫米
高　　34毫米

簡述：是硯作圓形様，硯面開環形渠，邊緣呈弧綫外凸，手繪青花海水紋，胎質細膩，呈灰白色。淺覆手内有雙圈及“大明宣德年製”字様。

❷ 明時期

哥釉圓形瓷硯

直徑　16毫米
高　　30毫米

簡述：是硯作圓形樣，硯面開環形渠，周邊呈弧綫外凸，施釉，光色酥潤，開片自然，硯堂部位呈現瓷胎，淺覆手微凹，底胎乾燥。

伍

青花纏枝花草紋瓷硯

直徑 146毫米
高　　30毫米

簡述：是硯作圓形樣，硯面開環形渠，周邊呈弧綫外凸，手繪青花纏枝花草紋，施釉，色淡雅，背深凹，圈足，底胎乾燥，表面多見氣孔與旋製痕迹。

陸

水紅釉瓷硯

直徑 120毫米
高　　50毫米

銘文：乾隆四年五月六日，何聖造。

簡述：是硯作圓形樣，硯面開環形渠，周邊呈弧綫外凸，施水紅釉，釉色光亮，圈足部位邊緣呈釉泪，硯背深凹，内書銘文，底胎乾燥。

柒

豆青釉瓷硯

直徑 160毫米
高　　25毫米

簡述：是硯作圓形樣，硯面開環形渠，周邊呈弧綫外凸，施釉，呈豆青色，淺覆手微凹，底胎乾燥。

霽蘭釉瓷暖硯

長 125毫米
寬　92毫米
高　33毫米

簡述：是硯橢圓形樣，硯面開海棠池，空腔，硯面周邊鏤空，青花勾畫蓮花紋，硯面及周邊施霽蘭釉，刻花描金。此硯背有裂紋。霽蘭釉爲製瓷工藝珍品，釉色蘭如深海，明亮如寶石。有原漆盒。

玖

櫸木蘇工雕花木硯

長 120毫米
寬　82毫米
高　32毫米

簡述：是硯長方形樣，木硯作上下對和式，蓋子上雕刻一古裝人物于荷塘邊嬉戲，人物背後雕刻有三層高亭，與荷塘中荷花相對應，荷池中浪花翻滾，有一鯉魚躍出，蓋子上端雕刻有蜻蜓與蝴蝶飛舞。打開木硯，硯面上端開池，池内減地雕刻一犀牛作回頭望月。硯背四角留有方足，中央處雕刻“寶相花”圖案。是硯櫸木，深紫色天然大漆塗抹。木硯，存世所見稀少。

竹黃螭龍紋硯

拾

長 155毫米
寬 100毫米
高　15毫米

簡述：是硯長方形樣，硯面上端內區減地雕刻博古雙螭龍紋，硯面周邊亦雕刻相同紋飾環繞一周。硯背淺覆首，內減地雕刻一端坐老者，五官端正，面相慈祥。左側邊緣有“丁酉秋日”與“振效”方印。竹黃硯略有變形。

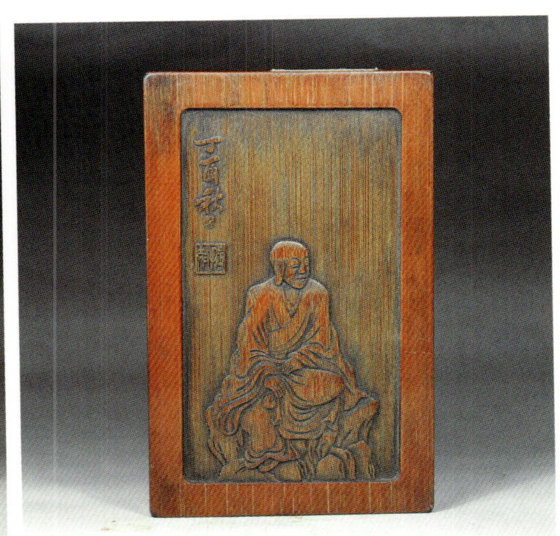

拾壹

龍紋青玉小硯

長 110毫米
寬　76毫米
高　12毫米

簡述：是硯長方形樣，硯面開長方小池，池邊上端減地浮雕雙螭龍紋，硯堂寬邊飾回轉花邊。

青白玉太史硯

拾貳

長 136毫米
寬 85毫米
高 22毫米

簡述：是硯長方形様，硯面開小長方池，池內減地雕刻魚紋，池邊雕刻花葉，硯邊雕刻連續花邊裝飾。玉質晶瑩剔透。

拾叁

青白玉硯

長 140毫米
寬 88毫米
高 19毫米

簡述：是硯長方形樣，硯面開多邊幾何紋池，硯面上端減地雕刻博古雙夔龍紋，工藝精湛，古雅端莊。淺覆手平整。

銀掏太史硯

拾肆

長　87毫米
寬　43毫米
高　33毫米

原銘：漫道春風如繫馬，還防意馬欲趨風。井瀾不動憑何事，一局枯棋二老翁。
皇十一子(印章)
團龍肖形印

簡述：是硯長方形樣，硯面開池，作窄邊。硯墻兩側刻行書體銘文，正面硯墻刻團龍圖形。整體觀之是硯綫面規整，綫條流暢，銘文刻製精美。近代以來傳世銀質硯時有出現，如此精美者却不多見。因銀質氧化，呈黑皮狀態。

拾伍

象牙松下高士硯

長 110毫米
寬　67毫米
高　13毫米

簡述：是硯長方形樣，硯面上端開池，減地雕刻松下高士。高士倚松而卧，面對崖壁。硯背四角留足，内減地雕刻松林群峰。此象牙硯質料細膩，呈深黄色，有光澤。

拾陸

象牙松下高士硯

長 108毫米
寬 60毫米
高 12毫米

簡述：是硯長方形樣，硯面上端開方池，池邊減地雕刻博古雙夔龍紋，硯面四邊雕刻有花邊，工藝精湛，硯背淺覆手。此象牙硯質料細膩，呈淡黄色，有光澤。

拾柒

竹瓦硯

長 173毫米
寬 106毫米
高 48毫米

原銘：游于藝，世今口。

簡述：是硯長方形樣，以扁圓形竹節剖开，取其拱形凸面仿製瓦形硯。硯面開月牙形小池，硯堂作橢圓形。

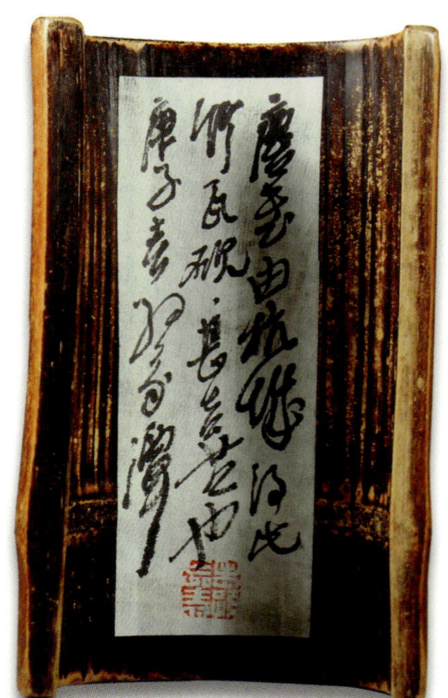

叁·附录二

慶堂卮言

這裏選録慶堂部分古硯刻銘創研文章，有的屬公開發表，有的是『孫家潭官網』『天津印社公衆號』或個人『QQ空間』上刊發。

壹 硯有玉骨以“壽”作銘

去年年底得此古硯磚，長180毫米、寬104毫米、高40毫米。端州老坑石，作長方樣，邊角有磕碰，置于書案上欣賞它满目滄桑與歲月的痕迹，長久地撫摸，慢慢地産生了對它進行二次創作的構思。

文房四寶硯爲首，筆墨易損，紙壽千年，唯硯有玉骨，以静爲用，是以永年。故此聯想到刻一個大“壽”字做銘，再在四周厚厚的硯墻上刻記相關記述文字。爲了在刻銘的書體上有些變化，我選用漢代的一種篆體字——殳書，它是專門用于古代兵器上的一種文字，這種文字長方形，在笔畫結構中常常出現鳥首或燕尾之形，頗具裝飾效果。

（古兵器铭文——殳书）

按照資料中古代兵器刻銘的行文方式，我仿照着做如下刻記。文曰：“唯正月季春吉日，歲次甲午，余喜得古硯，其有玉骨，得以永年。余作壽銘大吉，宜子孫萬世亾（無）疆，用之勿相（喪）。”這段文字中記述了時間、相關認識與主觀願望等。一連十數天刻刻歇歇將其完成。整體布局大字求簡，小字求繁，以形成文字書體上的對比與變化。其間按照布局穿插了三方印章，“真水園主人銘硯”、“慶堂”、“孫家潭印”，有堂號也有姓名，算作本人屬款。一片蒼壁上的古樸厚重與滄桑，歲月的積澱，加之一個碩大穩重的“壽”字與殳書古美字體作銘文，顯現出我刻硯銘的審美追求。

心若蘭，志如水。我常常選舊硯作新銘，我與古人合作。雖然一連十數天的辛苦刻製，當撫摸着這塊古硯磚時，使我愈加地對它多了一份特殊的情感。

（2014.12.18）

貳 “石潛、景彝”是前賢

我的古硯收藏故事，此硯2013年春有幸得于市肆。

這是一方清代黑石抄手硯，尺寸：寬100毫米、長182毫米、高37毫米。作長方樣，硯面開長方形池，硯堂磨痕深凹，質料細膩，硯石表面有光澤。

硯面右側舊銘：

石潛吴君風雅好古，積廿餘年精力聚硯百枚菁華，誠足觀也！頃承見視，書此致佩。庚子上日，杭州朱景彝書。

朱氏（印章）

注：朱景彝，爲西泠印社早期社員。

硯面左側余刻銘：

石潛景彝是前賢，遺有古研在人間。慶堂有緣來相識，原本都是西泠人。歲次癸巳金秋吉日，余喜得是硯，頗多感懷，今撫石相思，刊此并記，以續先賢之雅事也。

天津慶堂孫家潭白。

硯背仿漢瓦作銘：一日相中伴此生（仿漢瓦）、慶堂（印章）

吴隱【清】（1867—1922），近代篆刻家、文化企業家。“天下第一名社”西泠印社“創社四君子”之一。原名金培，字石泉、石潛，號潛泉，又號遯盦，今作遁盦。齋稱纂籀簃、松竹堂。浙江紹興人。擅刻印，治六書甚勤。篆刻摹漢宗浙（派）。書工篆、隸。善製印泥，精心研製“潛泉印泥”。

吴隱（吴石潛資料照片）

朱景彝【清】（1868—1948），字暢甫，又字邕父，號劍芝，錢塘(浙江杭州)人。西泠印社第一批社員，主要著作有《瑞龍展墓日記》等。

朱景彝在硯銘中記年：“庚子”，即1900年；“上日”，即農曆初一。此硯沉寂于世百餘年後浮出，爲余所藏，慶堂寶之。遥想當年吴石潛與朱景彝二位西泠先賢，于堂上賞硯、品茗如在眼前……這方硯臺實物的發現，爲研究西泠印社社史和早期社員的研究提供了實物依據，同時也見證了吴隱與朱景彝二人間交往的一段雅事。（2015.6）

叁 清代"捫參歷井"成語典故硯作銘

清代"捫參歷井"成語典故硯。硯正方形，開"井"字渠，周邊刻回字紋與星座圖。整體端莊肅穆，方正有度，蔚爲大觀。

此硯正方樣，158毫米見方，高36毫米。端州石，硯面開"井"字渠，硯池邊緣與内區雕刻有星座圖，硯堂呈正方形，硯背淺覆手平整，形制爲典型乾隆時期傳世古硯。

刻銘：墨爲耕，筆爲耘，引智水以灌溉之僉，曰無惡歲焉。丙申春月慶堂主人孫家潭手鑿。

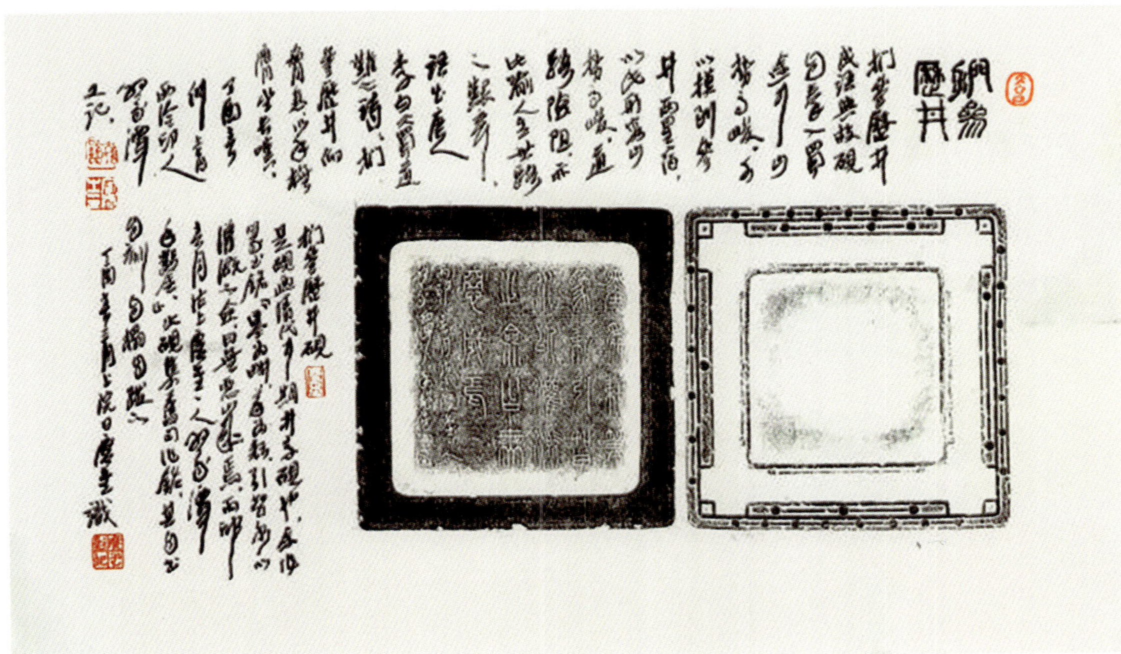

注釋：

1. 捫參歷井：自秦入蜀途中，山勢高峻，似乎可以摸到參、井兩星宿。
2. 參、井：皆星宿名，分别爲蜀秦分野。
3. 捫：撫摸。
4. 歷：經過。
5. 語出：唐•李白《蜀道難》詩："捫參歷井仰脅息，以手撫膺坐長歎。"
6. 僉：皆，全部。
7. 惡歲：漢語詞語，荒年。

"捫參歷井"成語形容山勢高峻，入蜀道路險阻。以成語典故制硯寓意深刻，亦比喻人生、學途、世路之艱辛……其形製規整幾近于道，文房逸品。（2016.4.9）

肆 一塊清初端州石"龜背"老硯板

一塊清代初期端石硯板，其石、色、相豐富，觀之得龜背之形。

硯板亦稱之為"平板硯"，是指硯面不開硯池呈平面狀，是一種特殊的硯式。通常作長方形，厚者稱硯磚，薄者稱硯板。

宋代《歙硯説》提到："或有爲硯板、硯鏡之類，微坳其首而已。或直用平石一片，别以器盛水，旋滴入研墨。以此知今人不如古人書字之多耳。"上引，説明宋時就有平板硯式，只是當時人認爲硯板磨墨量較少，不適合寫多字時使用。此硯板因其色相豐富，硯工爲此未鑿池而保留下來。余思量後仿照漢磚筆意作此十三字銘，銘文與石相合一。

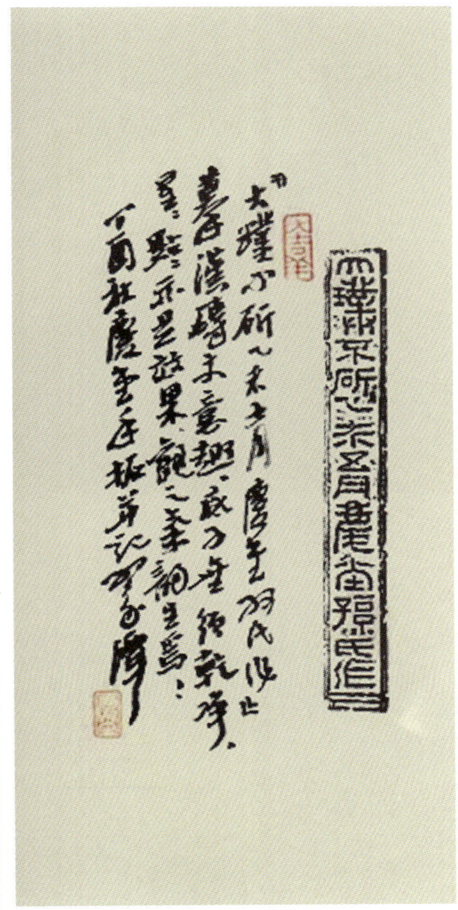

刻銘：大璞不斫。乙未五月慶堂孫氏作。

拓片題跋：大璞不斫。乙未五月慶堂孫氏作。摹漢磚文意趣，底子無須乾净，星星點點亦是效果，觀之氣韵生焉。丁酉秋慶堂手拓并記，孫家潭。（2017.3.4）

伍 清代白端瓶形硯作“藏頭”詩

清代白端瓶形硯，長175毫米、寬108毫米、高36毫米。硯面開圓形池，周邊有環繞水渠。

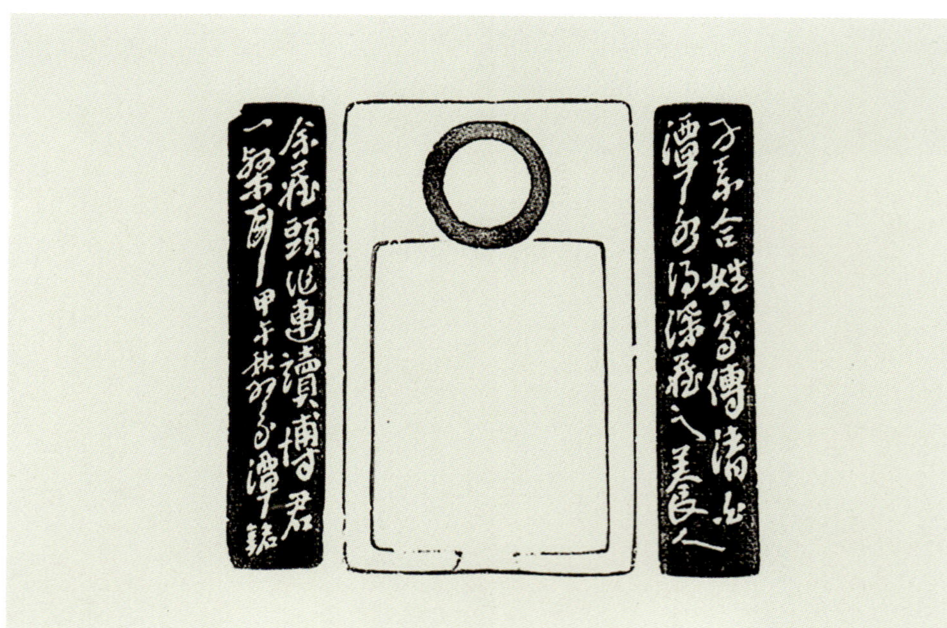

刻銘："子系"合姓，家傳清白。潭水得深，藏之養人。余"藏頭"作連讀，博君一粲耳。甲午秋孫家潭銘。

注："子系"合爲姓氏乃"孫"字；"清白"，此硯爲白石也。藏頭組合四字爲："孫家潭藏。"

（2017.8.4 夜）

陸 清代如意池端硯作“微明”銘

余傳藏有清代如意池小端硯，規格：縱137毫米、寬95毫米、高23毫米。石料屬于端溪坑籽岩，色青灰，質地緊密温潤，硯面上端開“如意”池，池邊欄卷曲對稱，硯堂圓如滿月。造型古美，精工製作，并配有原裝硬木匣。

小硯置于案頭，空閑時想着刻上文字，我也常以舊硯作新銘。一天在路邊，看到一個圖文工作室製作的招牌“圖標”吸引了我的注意，他是將漢字結構拆解開來，以偏旁部首的笔畫組合而成，其錯落的排列雖不能讀出完整的字義，但感覺頗具中國元素與新意。受到這個“圖標”的啓示，我一連幾日腦子裏浮現出了一個“創意”。借助這個形式，轉換成我刻的硯銘，讓它富有更深一層的內涵、玄秘……然後畫出若干個圖案，最後選中一個刻銘。

硯銘取圓形，字體選“老宋體”，將四個繁體漢字分解成若干個部首，以減地法刻成凸字（保留下笔畫），結構中見有“广”“心”“宀”“貝”“土”“口”“王”“缶”“元”“习”“白”等，這當中還有不能表示的圖形結構。這組拆解成的漢字偏旁部首，因結構整體章法需要，有的笔畫拉長，有的縮短，將其穿插組合在圓形面內，字的構形没有改變。

此硯銘作“微明”，是需要將分解開來的部首組合成文字，這裏筆者顯然是有意將其隱藏起來。其實在中國古代的繪畫作品中，古人早有一種“藏款”法，通俗地説，是作者將落款（姓名、字號）有意隱藏在畫作中，難于發現。如宋代著名畫家范寬的《溪山行旅圖》便是如此，明、清兩代文人畫中也曾見此法。

我們今天的漢文化，其源遠流長。漢字有“六書”造字法，漢字又可劃分爲真、草、隸、篆四體書，其結構由偏旁、部首組合而成。由于部首的相互組合，有的漢字又可衍生出相關字意。譬如“劣”，有低下意。從字面上看是由“少”

與“力”作上下結構組合，通俗地説，你比別人少出了力，自然低下了。在“圖標”中心，余有意安排了“宀”，其下有“貝”；而“宀”在甲骨文中比作“房子”，“貝”在古代泛指“貨幣”。寶，《説文》：珍也。形聲字。“宀”頭下有“玉”，象徵房子（家）裏有了錢幣和美玉，表示家中藏有珍寶，會意。在西周金文裏，又加上一個聲符“缶”(陶罐，古音與“寶”同)，這樣就詮釋了“寶”字。而筆者設計此銘的解讀，是需要將拆解開來的笔畫重新組合成文字後釋義，是其用心。

漢字常一字有多種寫法，中華人民共和國成立初期，又有簡化字頒行，簡繁對照，“慶”可以寫成“庆”；“堂”作“坣”；“寶”分別見有“宝”“寶”“宝”；而“玩”又可寫作“翫”，很有意思，這就是我們的祖先傳承下來的中國漢字。至此，余拙刻“微明”銘，至此已明瞭，其組合成的繁體漢字是“慶坣寶翫”四字。“慶坣”是我的堂號；而“寶翫”，珍愛玩賞。宋歐陽修《歸田録》卷下：“（宋庠）嘗手校郭忠恕《佩觿》三篇，寶翫之。”此銘結構中見有一個“口”字形，余在刻製過程中曾有意將其刻成實心，衹保留其外型，寓意“緘口”，守口如瓶，想留下一個懸念，又怕目之者不便理解，結果没有守住寂寞……

《道德經》曰：“將欲歙之，必固張之。將欲弱之，必固强之。將欲廢之，必固興之。將欲取之，必固與之。是謂微明。”所謂“微明”，即大道之隱奧，至理之深幽。即深藏不露，却又無處不顯現。世事萬象，皆有隱有顯，有微有明。微，《説文》中解釋有隱的意思。微明也就是隱明，或隱顯，或隱彰……這正是老子推崇的“道”。

一方小硯，愛不釋手，因刻銘而引發出來了一段創意與聯想。（2017.12）

柒 清代琴式硯

琴式入硯大約始于宋代，由于宋朝行使修文偃武政策，史載自太宗始，兩宋期間自帝王至朝野上下都十分好琴，無不以能撫琴為榮，達到歷代好琴的頂峰。

宋代《琴史》曰：昔聖人之作琴也，天地萬物之聲皆在乎其中矣。琴音的鬆沉曠遠，能讓人清心安躁，感到和平泰然的氣象，體驗内心的祥和清静，琴樂的潔净精微，能讓人感發心志，宣泄之幽懷，生平和之氣，升華心靈意趣耳。

硯爲文房之首，古時與文人朝夕相伴，耕耘其中，故士人無不珍愛寶之。琴必有聲，聲自遠播。硯取琴式則寓意深刻，風雅文思，無弦自鳴，故琴式硯得以傳承後世。

此琴式硯爲清中期蟹殼青澄泥七弦硯，尺寸高260毫米、寬140毫米、厚60毫米。硯堂呈橢圓形，上端刻有對稱夔龍紋飾，中央有“七弦”，故琴硯也。此硯左上角邊緣微損，古硯整體厚重，包漿呈青緑色，有歲月靜遠之古美，上手觀之令人不勝唏噓。

余作篆書銘：心事付瑶琴，家有七弦硯。落款：元代書家白挺有詩云：萬里一硯隨翱翔，一生心事七弦知。古硯與古琴皆舊時文人心愛之物也！癸巳秋仲戲刊家中舊研，沽上土城孫氏後人孫家潭手鑿并記于慶堂之北窗。落款處余刊大印：孫家潭藏硯書字作銘。

“人生豈能静如硯，案頭付與瑶琴説。”愚舊作今觀有感于斯。（2018.3.8）

捌

清代超大蟬硯與天津印社

《史記•屈原賈生列傳》載：“蟬蜕于濁穢，浮游塵埃之外，不獲世之污垢。”蟬，從幼蛹蜕變成展翅高飛之成蟲，從地下升到高空，在短暫時間裏完成一個個羽化生飛生命蜕變，整個生命歷程象徵着一種神奇變化和轉生。

古硯作蟬形，暗喻古時讀書人期待通過科舉而金榜題名，以改變人生命運的期望。歷代文人常以蟬的餐風飲露爲高潔自持之象徵。因此，古人十分推崇硯作蟬形，用來表達相應的寓意。蟬硯傳世多見，作如此之大者珍稀。

津門自古文人薈萃，善治印者首推先賢王雪民，其後爲恩師蘭雲、馮星伯、齊志源、楊魯安諸公。歲在丙子暮春，公元一九九六年六月，沽上印人結社，名曰：“大海。”大海印社爲“天津印社”之前身。成立于天津經濟技術開發區，其倡導者孫家潭。印社成立之時發行“首日封”，同時舉辦當代篆刻家邀請展，此爲初創時期。壬午冬月，公元二〇〇二年，“大海印社”經批准變更爲“天津印社”，推舉社長爲孫家潭，副社長顧志新、周保民、盧善啓、孟昭麗、楊鳳儀、張福義、李厚鵬、陳福春等人，印社三周年之際，天津人民美術出版社出版發行了《天津印

社作品集》，此卷集百餘印人，乃天津建衛六百年來首部印人專著。二〇〇六年經西泠印社批准，我社設爲“華北賽區”，負責天津、北京、河北省、山西省、内蒙古五省市賽事活動。連續八年配合西泠印社組織開展“西泠百年”大型系列動。此爲發展階段。時在戊戌春，公元二〇一八年六月，天津印社迎來新變革，由印社理事田晋華成立天津印社文化發展有限公司，以公司扶持資助天津印社之發展。田晋華理事的鼎力支持，給予了天津印社造血功能與可持續發展之生命力。印社在原領導成員基礎之上，增補周古祺、劉群、劉斌三位副社長，形成新一届成員班子。金秋十月，天津印社將喬遷新址，坐落于天津濱海新區，同時將舉辦大型慶典活動。印社將繼續秉承優秀傳統，保存金石，弘揚印學，繼往開來，迎來新時期大發展。沽上孫其峰、楊魯安爲當代書畫大家，爲我社名譽社長。“大海印社”成立之初，得先師楊魯安先生命名，變更“天津印社”，後楊魯安先生并再次叮囑用好這塊金字招牌……回顧印社之成長發展，都離不開老師與同仁的關心支持。

歲在戊戌七月，此大蟬硯爲田晋華君所得，并結緣天津印社。大蟬硯歙石、精工、超大巨製，傳世數百年，得如此大硯者難逢機緣，重器必得之重用也！今以“雲蒸霞蔚”作銘，雲霧彩霞升騰，聚集我社，借此蟬硯“鳴遠”，當一派繁盛景象，天津印社宏圖大展矣。余跋文記之。古硯，爲歷代文房之重器，承載着五千年中華文明發展，傳龍之文脉！天津印社喬遷之日將其敬上位，用作振社之寶也！公元二〇一八年秋慶堂銘。

補充文字説明：大蟬硯長365毫米、寬220毫米、高90毫米。正前面篆刻圓形圖徽“雲蒸霞蔚”，圖徽中“蒸”字居中，左右兩長笔畫飄逸如長須龍首，威武。刻銘依其圖徽左側作長跋近千言，以竪行排列環繞大硯一周。跋文刻銘以自然段落分段，空白處補閑文印十方。印文内容依次爲：“鳴天下”“大吉”“大利”“長樂”“正行”“敬其上”“宜子孫”“金石壽”“益永年”及落款印“慶堂”。此大蟬硯觀之，其銘文、篆印匯聚滿滿，如金鈿委地，芝草團雲。（2018.7.2）

玖　清代大名鼎鼎的"皇十一子"銀質抄手硯

抄手硯亦稱爲太史硯，形制簡約，形成于宋代并成爲歷代硯制之主流。抄手硯的硯底内側挖空，兩側爲墻足，可用手抄底托起故名。

此硯純銀製作，整體作長方形。長86毫米、寬42毫米、高32毫米，重804.5克。于硯身兩側原刻銘曰："漫道春風如繫馬，還防意馬欲趨風。井瀾不動憑何事，一局枯棋二老翁。"落款爲"皇十一子"，下有同文印。皇十一子即永瑆（1752－1823），號少厂，别號詒晋齋主人。乾隆第十一子，封成親王。此人工書兼善篆隸，常以篆隸筆法寫竹蘭，山水亦佳。此銘爲行書，運筆流暢，結體俊美，得右軍筆意，字美，鐫刻亦佳。

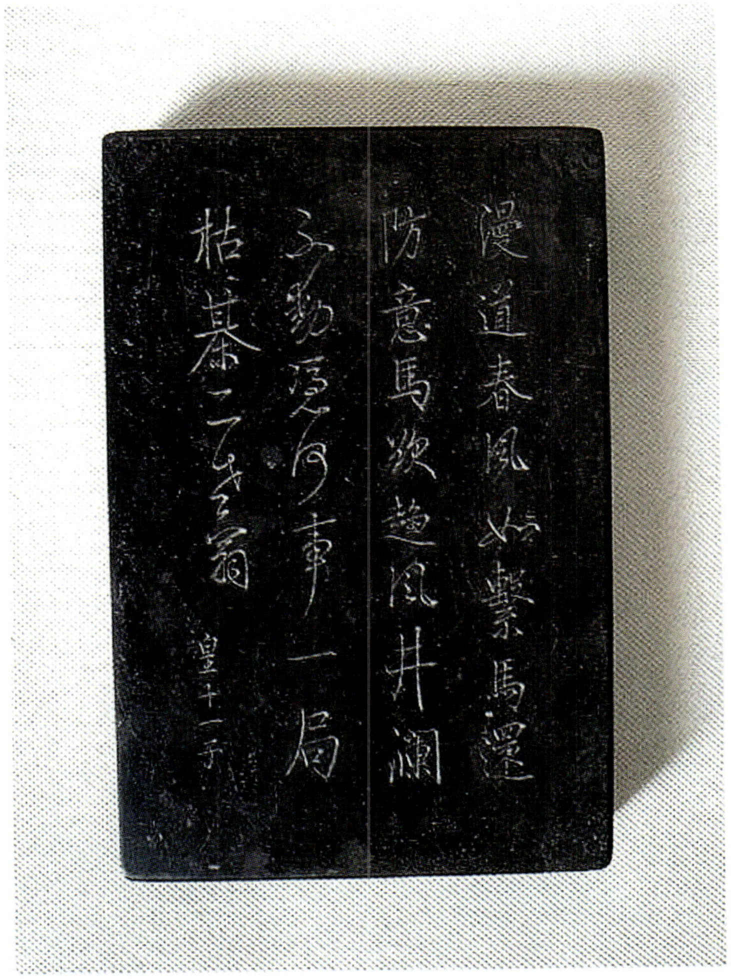

此硯銘落款爲“皇十一子”，可謂大名鼎鼎。在清代遺存的石質老硯中，余也曾偶然見到過一方同文端硯銘，見上圖。此硯其行書體與上面介紹的銀硯銘基本相同，氣韵吻合。可見，在清代以來署“同銘文”硯，爲是匠人所刻，或許是照着永瑆原作仿刻，應是當時一種硯銘的流傳風趣而已。

此銀硯因陳年，表面出現氧化層而形成黑皮，内韵寶光，有廟堂之氣。白銀，自古以來是用于中國民間貨幣，屬于貴金屬。用此製硯，其奢華可想而知，説明此硯非百姓人家所用之物。觀之整體綫面規整，銘文刻製體現了書法功力與、匠藝的精湛。

“皇十一子”，大名鼎鼎并不重要。格物致知，却爲文房賞玩之尤物，觀之、賞之，可生歡喜之心也。（2019. 8. 8）

拾　清代歙州石雲池硯作多字印銘

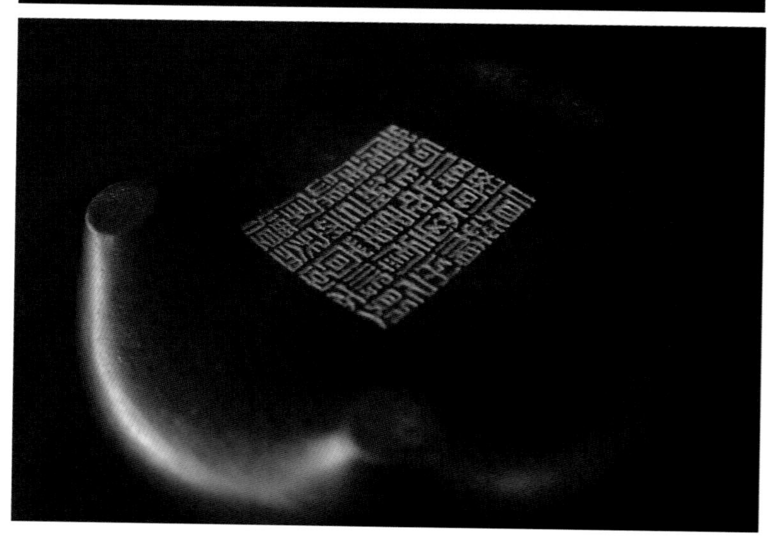

清代眉紋雲池歙硯，直徑151毫米、高28毫米。此硯開“祥雲”池，雲朵由中心軸旋轉展開，邊緣作弧綫形環繞一周後復歸軸心。雲朵形態飽滿，池深凹，寓意吉祥。此硯石質緊密，扣之金聲。做工一流，背面三足渾厚飽滿。

硯背刻印銘曰："真積力久則入，學而至乎沒而後止也。集《荀子》句作銘。己亥冬月慶堂孫家潭。"

此硯作圓樣，硯面開深雲池，背呈雙乳足，形規整，寓意吉祥。以往所見古今人硯銘中的印章使用爲兩種形式：其一，書刻硯銘文字後，落款處添加一姓名印章，通常是書寫者自用印；其二，在少數硯銘中余也見有印文內容爲"某地（地望）、某人（堂號或姓名）所藏"。

余作此硯刻銘衹能在硯背，如何排布，受圓形硯的限制，思考良久，綜合考慮，最後決定衹作一方形印章形式，印文內容既包括寄語（録《荀子》句），又包括紀年、堂號、藏者姓名等。通俗地説，我是將要表達的文字內容同時刊在一方印文中表白，這一點有别于他人。

以印章作銘，正方形多字印面篆刻在弧形硯背上，觀之有視覺上的變化，與圓硯形體形成對比，篆文古體之美，使得這方古硯增添了肅穆與端莊與文化內涵。（2019.11.3）

拾壹

勉而含弘以隆德聲——清代端州石小硯作銘

小硯老坑端石，長140毫米、寬9.8毫米、高27毫米，整體橢圓形，背深覆手，文氣十足，硯堂開月牙池，佛肚凸顯，雕刻精美，綫條簡潔流暢，包漿渾厚古樸，綫面隨形而不失規矩，細品之型工味俱佳。

刻銘：山不讓塵，川不辭盈。勉爾含弘，以隆德聲。

硯背印銘：己亥冬日沽上土城孫氏後人慶堂孫家潭刊銘并記。

老來多夢，六十歲以後集中精力開始收藏古硯并刻銘，轉眼十多年過去，過手古硯百餘方。老來才明白，人的一生其實干不了幾様事情，而且所干的事情都是在尋找自己的位置。性格决定了人生，心裏如果要有一件事，會讓自己不斷去努力追尋。以《老子》句刻銘自勉，擬小篆筆意刊于橢圓形硯肩邊緣，覆手以印落款。（2019.11.27）

拾貳

慶堂藏硯“以印銘”一組

源于喜愛刻印章，進而又將印章形式刻製在自己收藏的古硯上。詩言志，歌咏言，硯銘心，選錄一組“印銘”如下。

印銘釋文：真積力久則入，學而至乎没而後止也。集《荀子》句作銘，己亥冬月慶堂孫家潭。

印銘釋文：沽上土城孫氏後人慶堂孫家潭銘。

印銘釋文：道在瓦甓。沽上土城孫氏後人慶堂主人孫家潭藏。

印銘釋文：有鳳來儀。

印銘釋文：雲蒸霞蔚。

印銘釋文：真水園主人。

印銘釋文：長壽（仿漢瓦）。

印銘釋文：慶堂主人寶之。

印銘釋文：千秋萬歲（仿漢瓦）。

印銘釋文：慶堂、足我所好玩而老焉、真水園主人賞玩（印章）。

印銘釋文：非葉、雲水禪心。

印銘釋文：己亥冬日，沽上土城孫氏後人慶堂孫家潭刊銘并記。

印銘釋文：永隆。（刻製過程中拍照）

印銘釋文：慶堂主人寶玩、日利、敬事、
千秋、大吉、永隆、長樂、孫。

硯田歲月長，寄物以托志。篆刻一組印章形式作硯銘，或寄情、或勵志、或以硯名而取意，采用不同篆體，以不同表現形式作嘗試。樂事不苦，撫摸案頭這方方古硯，如面先賢。清晨，夜晚，燈下，無倦苦之力行，刀刀如切玉……硯者，乃文心之田也！（2019.12.11 晨）

拾叁

慶堂製"龍馬負圖"硯

翻開《天津博物館藏硯》書中收録有津門著名收藏家徐世章先生生前藏的一方"凌雲"硯，此硯在一角雕刻有一螭龍，雙前爪攀附在硯池邊緣，腹下深挖作硯池。螭龍好似嬉水而出，生機勃勃，工匠的巧思獨具匠心。

我仿照此圖片構思，鑿刻了一方"龍馬負圖"硯。因一直沒有合適的材料，一拖再拖，好幾年時間過去了，日前遇到一塊比較合適的舊硯板，石品、尺寸、厚度都不錯，大體勾畫出個草圖，經過幾天連續鑿刻完成，了結一個夙願。

在硯面的邊角，設計鑿刻一個小馬駒造型，借助"凌雲"硯的模式。小馬駒的造型以古代神話中的"龍馬"爲基礎，馬頭上有角、頸部有鬃毛，雙前肢左右分開與硯池邊緣支撑，腹部下深挖作硯池。

小馬駒頭部面部朝天，眉、眼、鼻、唇、口、兩腮等誇張設計在一個平面上。龍馬背部馱着一個"圖卷"，安排在硯臺的邊角處，與硯面保持一個整體水準，爲的是硯池蓄水時不至于外溢。硯池如蓄滿水，龍馬的面部、前肢與"圖卷"會呈現在水面之上，龍馬負圖，有如踏浪而來。

硯池邊緣作自然曲綫，龍馬造型作圓雕于硯池之中，刻得比較細緻，强調了龍馬頭上的角、鬃毛、五官，與周邊規整的硯面形成對比。龍馬身軀在硯邊轉過面後作勾綫處理。

“河圖洛書”，相傳上古時代，在洛陽東北的孟津縣境內的黄河中，龍馬背負着“河圖”獻給伏羲。伏羲便依據“河圖”演成了八卦，演化到後來成了《周易》的來源。

又相傳，在洛陽西洛寧縣洛河中，背馱着“洛書”神龜的浮現出來，將“洛書”獻給大禹。大禹依此治水成功，遂劃天下爲九州。又依此定九章大法，治理社會，流傳下來收入《尚書》中，名《洪範》。

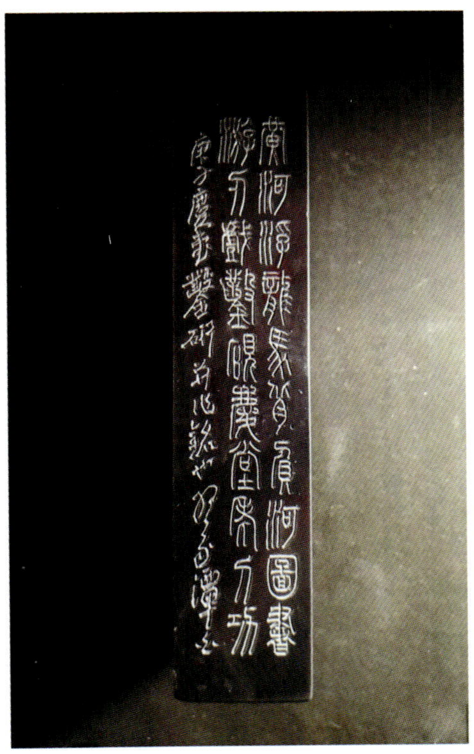

在硯臺的左側予作打油詩自嘲，刻雙排篆書銘，落行書款。

黄河浮龍馬，背負河圖書。

游刃戲鑿硯，慶堂老刀工。

在龍馬硯池右側最後又刻了“慶堂”二字，與“龍馬”相守。

以傳世古硯觀察，前人造硯都含有深刻寓意，古硯製作承載著華夏文明，有數千年歷史。

此硯池刻製借鑒“凌雲”硯，在刻製過程中，有的形態、結構是在象形思維理解的基礎上完成。刻完後感覺有的比例須調整。而一次經歷，體會更多的是對工匠精神的崇敬，古人件件傳世佳作内涵高遠，播芳六合。擬“河圖洛書”鑿刻了一方“龍馬負圖”硯。藏硯、銘硯、遣興製硯，皆慶堂游戲。

（2020.1.25）

拾肆

慶堂硯銘拓片一組

愛好古硯收藏，進而又自書、自刻作硯銘，二次創作，歌咏情，詩言志，硯銘心。

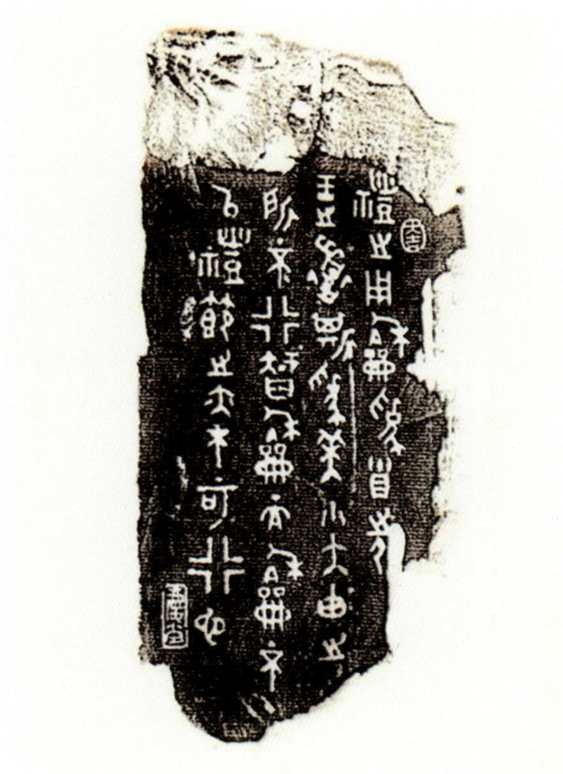

紅絲石硯板，自然形。予擬甲金文筆意録《論語》中句作銘曰：“禮之用，和爲貴。先王之道，斯爲美，小大由之。有所不行。知和而和，不以禮節之，亦不可行也。”啓首印章“大吉”、落款印章“慶堂”。此石産于聖地，故刊聖人句作銘。

清代端州石長方樣硯板，長方形。予擬半瓦參色刊篆書銘曰：“修遠。”左側落款：“修遠。庚子孫家潭銘。”

清代黑石玉帶硯，近橢圓樣，硯面開小池。予于硯背作一組佛造像。其下端刻銘曰：“福田方净，守本真心。自觀自在，唯佛獨尊。歲次甲午正月，慶堂主人敬造。”

清代歙州石雲水硯，長方樣，減地刻雲水紋，形、工、味俱佳。予一側刻行書銘曰：“雲水禪心。乙未秋月慶堂孫家潭銘。”

清白石瓶形硯，長方樣，開圓形池。予兩側刻行書銘，銘文戲作藏頭詩曰：“子系合姓，家傳清白。潭水得深，藏之養人。余藏頭作連讀，博君一粲耳。甲午秋孫家潭銘。”

硯銘中第一句“子系”合姓爲“孫”字，其後依次爲“家”“潭”“藏”，以每句第一字順序連讀爲“孫家潭藏”。

明代歙州石方池小硯，長方樣，硯面開長方形小池，形制簡約，小器得大氣象。予兩側刻行書銘文曰：“小硯方寸得萬千氣象，守住寂寞，與我同行。孫家潭白。”

明代歙州石蓮池硯，長方樣，硯面刻一束蓮花，精工，形體修長，文雅之致。予以左側作銘曰：“妙法蓮華（花），如如不動。己亥十一月，慶堂孫家潭銘。”

明代端州石魚化龍硯，長方樣，上端減地雕刻魚化龍圖形，構圖頗顯圖畫意味。予以左側以“格眼”法仿志文書體作銘曰：“相思:相,互也;思,慕也。相思得志，此也。庚子慶堂主人孫家潭作此銘。”

明代紅石如意池硯，長方樣，觀之整體無甚雕琢，唯硯池深挖，綫面挺括，氣韵内斂，文氣十足。此硯左右及前端面，予作界“格眼”法，仿北齊蘭陵王碑筆意作雙勾篆書體銘：“文曰：欲補天，誰煉石。身未化，志再刻。日月蝕，石不泐。一寸心，共堅白。録清人沈石友句，集北齊蘭陵王碑筆意勒石作銘。丙申春月沽上慶堂主人孫家潭刊。”

沈石友（1858－1917），原名沈汝瑾，字公周，因喜石硯，取石友别號，江蘇常熟人。咸豐八年（1858）生人，1917年謝世，享年60歲。平生所作以詩爲多，間治古文，有《鳴堅石齋詩鈔》刊行。喜古硯收藏，亦善書自刻硯銘。“一寸心，共堅白……”，予晚先賢整九十載，今録其語作銘，頗多感懷！以上爲慶堂手拓硯銘一組。（2020.3）

拾伍

明代歙州如意池大殘硯作“慶堂（吉祥隆盛）之寶”組合銘

是硯歙州石，尺寸：長293毫米、寬163毫米、高50毫米。尺寸超大，氣勢恢宏，正面上端作如意池，池邊飾陰刻夔龍紋。硯背雙乳足粗實，凸狀有韵，盡顯其豐腴之美。硯面作如意池，硯堂减地作橢圓形，整體觀之曲綫飽滿，型、工、味俱佳，硯面顯彩帶紋理，天妒紅顏，佳硯有瑕，左上角老殘，從背面觀察原有鋦釘修復，可惜歲久遺失，徒歎奈何……“百事翻從缺陷好”，愛硯之人，余以殘爲美，視損爲全。

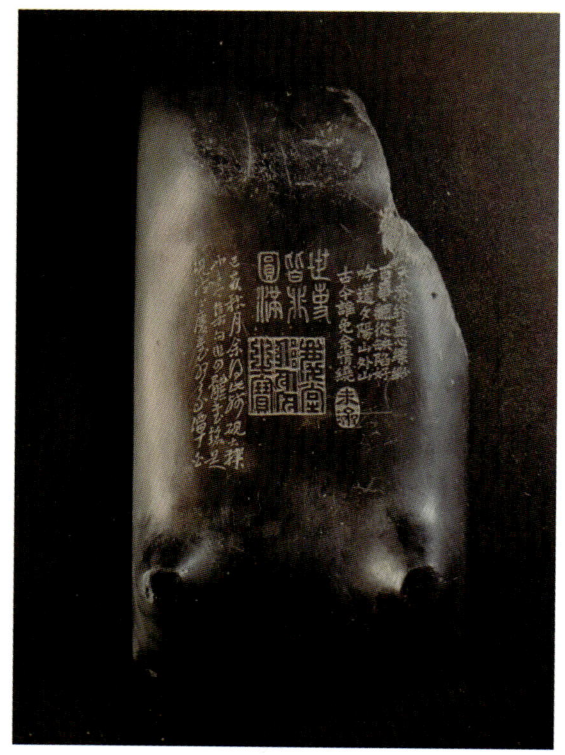

是硯背面余作“慶堂（吉祥隆盛）之寶”組合銘

（1）最右側作楷書體録龔自珍詩云：

未濟終焉心縹緲，百事翻從缺陷好。

吟道夕陽山外山，古今誰免餘情繞。

（2）詩句末尾處刊隸書體橢圓形“未濟”印。

（3）正上方刊篆書體銘“世事皆非圓满”。

（4）中央刊一方大印銘“慶堂（吉祥隆盛）之寶”。

（5）左側落款則以行書體：“己亥秋月，余得此殘硯，大璞也！今集句作四體書銘是硯。沽上慶堂孫家潭白。”

硯背刊印銘 “慶堂（吉祥隆盛）之寶”，這方印的創作是仿照元代官印“皇帝（吉祥隆盛）之寶”演化而來，見下圖。

《隨堂以來官印集存》皇帝之寶（元）

此印左側竪排二字，爲元代八思巴字，對應漢文字爲“皇帝”，中間爲梵文，漢譯爲“吉祥隆盛”之意，右側爲漢字“之寶”。此印文由三種文字組合而成，包含有吉祥隆盛之意，又因書體、文種各异，使得這方印文化意味豐富，頗具觀賞價值。

硯背刊銘龔自珍詩句，其句中以“未濟”二字啓首。未濟，出自《易經》中六十四卦的最後一卦，以未能渡過河爲喻，闡明“物不可窮”的道理。六十四卦以“未濟”結尾，是喻世事皆非圓满。詩句中的後兩句“吟道夕陽山外山，古今誰免餘情繞”。傳道傳到了夕陽西下，傳播到了千山之外……有誰又能不被餘情所纏繞呢？

縱觀古代摩崖石刻，在石壁之上，常見有大大小小不同時期、不同書體錯落組合的多塊石刻，觀之，感覺有歷史的延續性與視覺衝擊；我們還注意到，古代書畫傳世多見有名家題跋，傳世年代越久，轉藏越多，所見收藏者或名家題跋越多，觀之更是蔚爲大觀。其實，這些都是給我們一種“組合”形式的審美感覺。

是硯覆手有足够的空間，我設想圍繞着“百事翻從缺陷好”的概念撰文集句，取法作“組合”銘效果，以不同書體爲區别，錯落排布，仿摩崖石刻如上所云。

“衆裏尋他千百度……”舊硯作新銘，在歲月交錯的光影中，此硯却給了我們一個思考。物不可窮，窮則變，變則通，通則達。一方古硯的銘刻，另眼相看，盡其心志，尋其孤高，我同古人游。瑕不掩瑜，此硯因其原本名爲“如意池”，故而余作“慶堂（吉祥隆盛）之寶”組合銘，復歸它以美好。（2020.3.3 夜）

拾陸

致虛極守静篤——明代歙州太極太史硯節録《道德經》作銘

是硯長233毫米、寬138毫米、高54毫米，時代明初，歙州龍尾石。此硯碩大俊朗，做工規整。

硯面上端開鑿圓形硯池，在硯池前端邊緣處留有一半圓形立柱，因立柱使硯池呈彎月形，立柱與彎月形池凸凹相對，形成了陰陽互補關係。硯池深邃，底作“U”形，硯池口邊的半圓形立柱，隨池壁向下深入，圓柱與U形底緩和過度而逐漸隱没，這一構思堪稱奇妙，有大智慧。硯面邊緣開方槽相連接，硯池中圓柱頂端與周邊間隔有四處雕刻八卦紋飾。

此硯整體做工考究，飾工精美，如此體量的大硯，設計理念以陰陽、凹凸、方圓相互轉换，寓意高古，器形厚重。雖屬傳統太極硯式，但做工難度大，于傳世古硯中屬稀少品類。日本《青華硯譜》有載。

説到太極，離不開老子的哲學思想。《道德經》：“道可道，非常道。名可名，非常名……”太極是中國道家文化史上的一個重要概念，初見于《莊子》：“大道，在太極之上而不爲高，在六極之下而不爲深，先天地而不爲久，長于上古而不爲老。”後見于《易傳》：“易有太極，是生兩儀。兩儀生四象，四象生八卦。”莊子之後，後世人們據《周易•繫辭》相關“太極”的論述而逐漸推演成熟的太極觀念，着實吸收了莊子混沌哲學的精華。

我們的祖先將老子深奥的哲理與道家學説，演變爲單純而簡明的陰陽魚圖，稱之爲“太極圖”，將附帶八卦符號的陰陽魚圖稱之爲“太極八卦圖”。太極硯則是古代硯工將太極圖、八卦圖的理念演變後運用到古硯形制中，故名。

硯背覆手刻銘，節録《道德經》第一章：道可道，非常道；名可名，非常名。無名，天地之始；有名，萬物之母。故常無欲，以觀其妙；常有欲，以觀其徼。此兩者，同出而异名，同謂之玄。玄之又玄，衆妙之門。

第八十一章：信言不美，美言不信。善者不辯，辯者不善。知者不博，博者不知。聖人不積，既以爲人己愈有，既以與人己愈多。天之道，利而不害；聖人之道，爲而不争。

落款：右録《道德經》第一與第八十一章作銘。集甲金文筆意，舊硯作新銘，余與古人游。己亥慶堂孫家潭白。

古代硯工製作的太極硯，可謂“道化于器，器以載道”，見證了千百年來在傳承發展中形成的高深的硯文化。它融名石、立意、研磨、雕刻與實用于一體，集天地精華，得工匠造化，天人合一。古代文人與硯隨影同行，陳置于几案之上，四時相守，座右激學，化育于人。老子云：人法地，地法天，天法道，道法自然。孔子曰：道不遠人！這是祖先傳下來的文明，龍的文脉。

致虛極，守靜篤。明太極硯節録老子《道德經》作銘。(2020.3.10 晚)

拾柒

我家屋檐的瓦

前不久收到快遞，拆包看，一塊殘瓦硯呈現眼前，通體黑漆老皮如墨玉螢亮，上手沉甸甸的。

此硯明初（或更早）歙州龍尾石，形制作覆瓦形，長171毫米、寬108毫米、高45毫米。石質細膩，金聲玉德。硯面上端開月牙池，沿池邊起綫作橢圓形硯堂，中心因研磨微凹，器形整體流暢，硯背兩側均有老殘，不影響平穩擺放。置于案頭，満目歳月滄桑。

覆瓦硯是古硯形制中大名譽品，珍若拱璧，深受古硯藏家所青睞，在多種硯譜中均有收録，因形制如同瓦狀，屬古硯形制中經典。

于瓦硯兩側作一組印銘，其内容與瓦相關。以右側向左依次順延。

（1）弄瓦

弄：會意。上爲“玉”，下爲“廾”。指雙手玩賞玉器。本義：用手把玩。瓦：象形。象屋瓦俯仰相承的樣子。本義：已燒成土器的總稱。弄瓦，以瓦爲硯，有把玩觀賞之意。此印作古幣形。弄瓦，古時生女子，見下文。

（2）道在瓦甓

語出《莊子•知北游》，意爲大道無處不在，即便是身邊最不起眼的平常之物也有道存焉，一片瓦甓，一塊殘磚，都是樸素本真的存在。

（3）不成三瓦

是一個漢語成語，意思是不能要求齊全。出自《史記•龜策列傳》。此印作“半瓦”形，刻時左上角留缺損與意合。

（4）弄璋（章）之喜

舊時常用以祝賀人家生男子。出自《詩經•小雅•斯干》。意思是古人把璋給男孩玩，希望他將來有玉一樣的品德。弄瓦之喜：中國民間對生女子的古稱，周代即有使用。《詩•小雅•斯干》：“乃生女子，載寢之地，載衣之裼，載弄之瓦。”瓦，紡磚，古代婦女紡織所用。古代重男輕女，傳有“璋”“瓦”之别。

（5）月如仰瓦不求自下

宋•羅大經《鶴林玉露•丙編》卷三：“月如懸弓，少雨多風；月如仰瓦，不求自下。”月兒像挂在天邊一張弓，定是多風少雨；月兒像一片仰面的瓦，雨水不求自落。短短十六字，觀天象，彎月銀鈎在天，風調雨順年年，是以表達人們對美好年景的期盼。

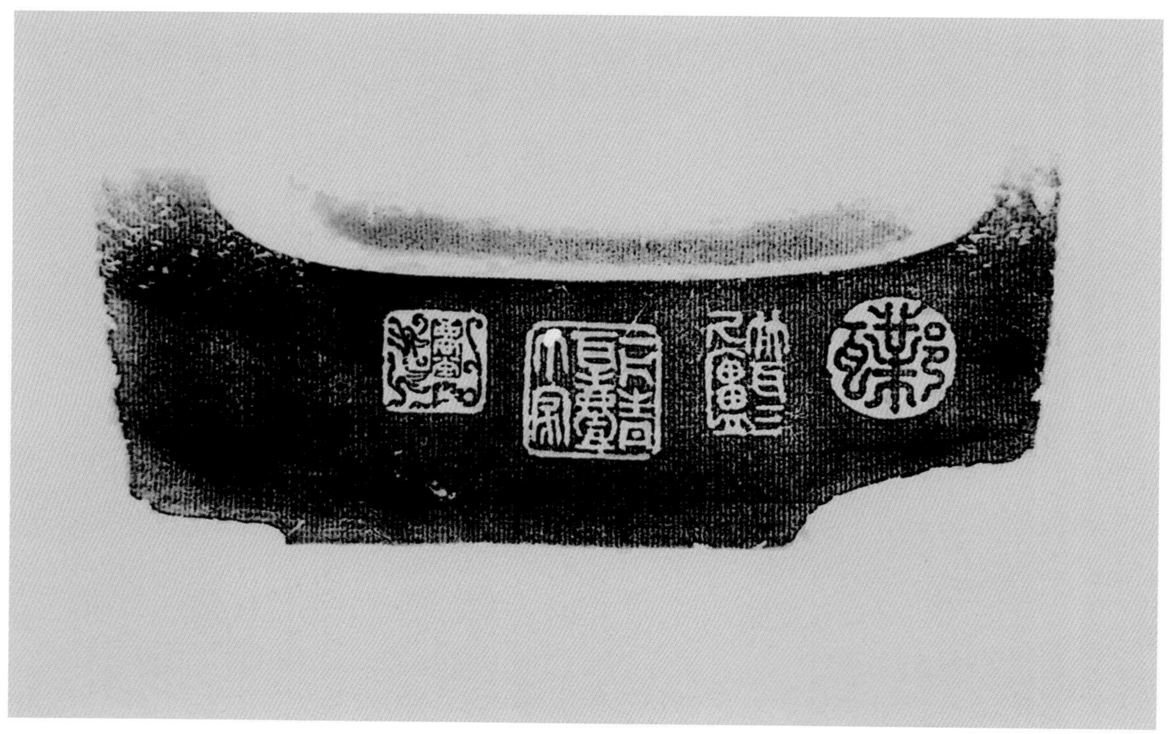

（6）鄴瓦

魏鄴城銅雀台古瓦，體質細潤，而堅如石，用以製硯，是爲名品。宋沈作哲《寓簡》卷九：“鄴台瓦皆雜金錫丹砂之屬陶成……琢治之爲方研，愈薄而益堅，縝膩而廉密，入墨而宜筆。”此印圓形，印文作殳書。

（7）竹瓦三尺廬

宋蘇軾《魚蠻子》中句：江淮水爲田，舟楫爲室居。魚蝦以爲糧，不耕自有餘。异哉魚蠻子，本非左衽徒。連排入江住，竹瓦三尺廬。

（8）一片青瓦一個家

什麽是家？有人説有房就有家。古人捏泥成器，一片青瓦，俯仰相承，遮風擋雨，築建爲家，自古是用以安身立命之地。一片青瓦一個家，屋瓦上清晨的炊烟，綿綿秋雨……家，童年，故鄉，却是道不完的回憶與鄉愁。

（9）慶堂

此印面作肖形龍，于龍背之上刻予堂號，故在印銘中作最後一方。

以上一組以印作銘，沿着硯堂兩側排列，見古幣形、半瓦形、方圓等形；印文以不同書體作不同印式，共篆印九方。故意留有少許空間，凡事皆留有餘地。此瓦硯墜手，感覺石質密度高，果然刻時刀如切玉。

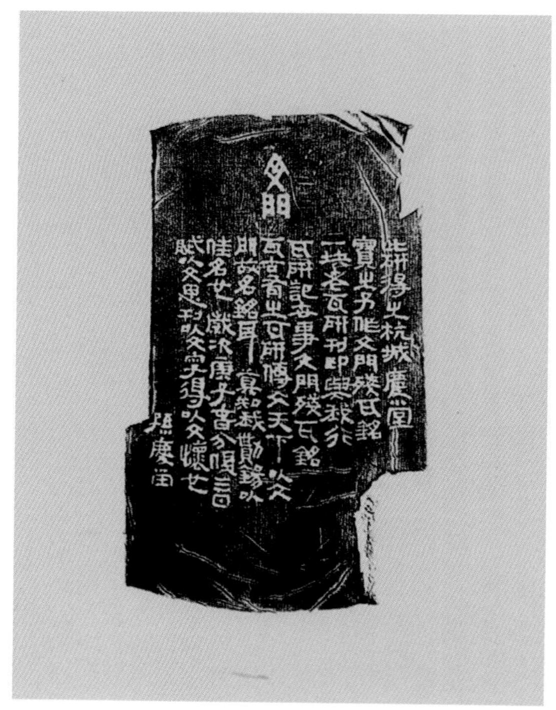

在此硯背面原有一些劃痕，考慮觀賞效果，予又補刻了隸書多字銘覆蓋，銘文如下：“文門。此殘瓦硯得之杭城，慶堂寶之。一塊老瓦硯，刊印與我行。瓦硯記世事，‘文門’殘瓦銘。瓦，古有之；瓦硯，傳文天下，以‘文門’故名銘耳！莫知我勩，錫以佳名也。歲次庚子春分後三日，賦以文思，刊以文字，得以文懷也！孫慶堂。”

我家屋簷的“瓦”，説的是這方瓦形硯。收藏有緣分，通常是人找物，有時也是物找人。現時下手機微拍購物，錯過了機會衹好割愛。然山不轉水轉，未曾想月餘後却又歸慶堂所藏，此物找人也。

慶堂弄瓦

此覆瓦硯置于案頭，并没多在意。一日偶觀之，發現此硯擺放并非爲水平狀態，而是後端悄悄翹起，整體趨向斜式。仔細端詳，瓦硯兩端橫斷面微向内收，截面微凸如唇狀，諸多細節變化盡在微妙而不顯。此硯琢治可謂隱大美藏于器中，以器載道，文房之尤物也。

五百年光陰荏苒，沉寂于市肆的一方古硯隔空相遇，它静静地等待着你的到來，慢慢欣賞，細細品讀，餘韵綿長……清狷一瓦，不可方物，樸實本真，耕讀傳家。因得瓦硯作印銘一組，賞硯、弄瓦、作銘學習到許多。

（2020.3.14夜）

拾捌

清末陝州工藝局官造八角澄泥大硯以放翁句作銘

“土乎成質，陶乎成器”是唐代大文學家韓愈在《瘞硯文》中對澄泥硯的記述。三門峽市（古陝州）是澄泥硯的重要發源地，史載唐宋時代曾是貢品。

此硯對角217毫米、横寬202毫米、高24毫米。正面邊緣有八卦紋，其中“一”卦位置處有流。背面有印記“盧敬硯”雙款、“河南陝州澄泥古硯人馬寨村玉瑞堂造”中間方章、右側條章“陝州工藝局澄泥硯王玉瑞造”、左側條章“富貴昌宜侯□”共計五方。在硯堂邊緣及背面銀沙點點，八角硯邊緣塗古銅色釉，硯背一角殘損。

有關澄泥硯製作。首先是取土煉泥，資料記載土取自土門村。將擔回來可製硯的黏土塊攤在院子裏砸成碎塊，再用碾子碾成粉狀，經過風吹日曬自然風化，再兑上水和成泥漿狀，用粗布過濾沉澱，這就是我們所講的“澄泥”。之後人們便光着脚或拉着牲口在其上踩來踩去，這一過程應該叫“熟泥”，直到泥像和麵一樣不粘手爲止，講究的還要參入黄丹粉，既起到助燃作用，還能使燒出來硬度更高。

第二步是成型壓銘。先然將泥搓成條切成塊壓成餅，每次衹做一個品種，泥片入模之前要將一種稱作滑石的粉狀亮片（銀沙，爲鹵化物類礦物有光澤的晶體粉末）撒入模具做脱模用。泥片入模後要蒙上粗麻布使勁將泥片按實成型，切去多餘部分既可反扣脱模，待其半乾時用竹刀修整，壓印堂號、銘款、戳記，此時硯坯算是基本完成了，待其陰乾後便可入窑燒製。

第三步就是埏燒。硯坯燒製前先在陽光下爆曬，等其發熱燙手時即可入窑燒製。從點火到停燒大約需要三天的時間，可從觀察孔觀看窑内情况，一定要燒透爲止。燒到火候時封堵火口，這時要從烟道口往裏灌凉水澆滅窑内的明火，使之産生黑色濃烟。濃烟覆蓋這一步叫做“滲碳”，這樣燒出來的器物表面黑亮。以上簡述陜州澄泥硯製作工藝。

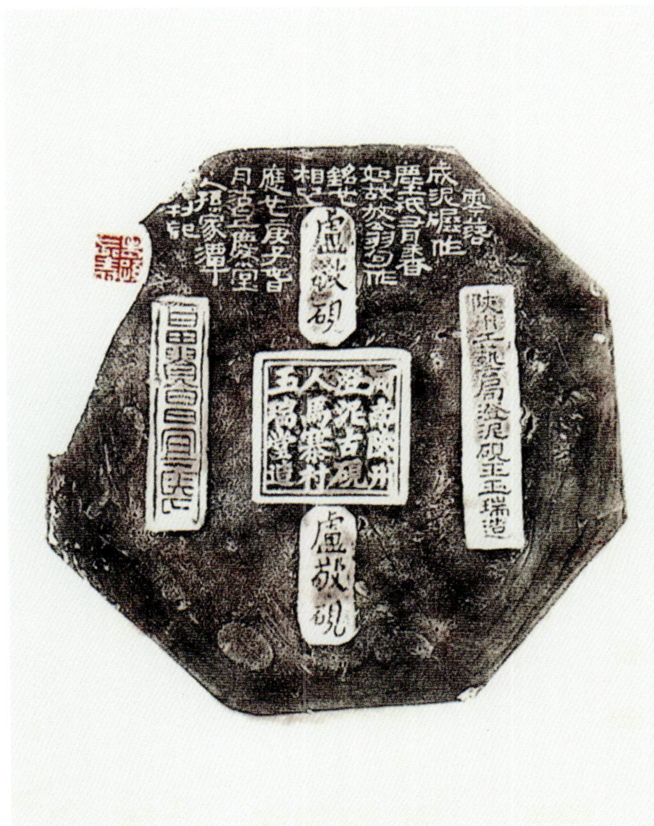

刊銘：“零落成泥碾作塵，衹有香如故。放翁句作銘也，相心應也。庚子春月，沽上慶堂主人孫家潭刊記。”

陸游《卜算子•咏梅》：“驛外斷橋邊，寂寞開無主。已是黄昏獨自愁，更着風和雨。無意苦争春，一任群芳妒。零落成泥碾作塵，衹有香如故。”陸放翁以“咏梅”爲題，咏物寓志，最後兩句，表達了自己孤高雅潔的志趣，以爲作此澄泥硯銘最爲貼切。

晚清天津著名古硯收藏家徐世章曾寶藏一方陜州澄泥硯，現藏天津市博物館。(2020.4.18)

拾玖

宋代巙村太史硯作慶堂銘

此硯宋代，巙村石太史硯。尺寸：長165毫米、寬116毫米、高52毫米。是硯原是一方超大的巙村雙履硯，被裁去一半成此面目，觀其背面痕迹明顯，因改製故使是硯右側立墻缺少了一角，但仍能平穩擺放。

縱觀此硯形制超厚，四面内斂，硯池傾斜深落，氣勢弘遠，作爲宋代老硯于存世古硯中稀少，可作一標準品。

刊銘："名香長夜，仙骨通身。方折凌厲，氣沉大千。孫慶堂白。"

此硯沉寂千年，風骨猶存，觀之讓人肅然起敬。集此十六字作銘，以體現此硯的時代、形制、特徵及我的感受。銘文中"沉"行草書作"沈"，是宋人書寫習慣，蔡襄《自書詩卷》、黄庭堅《松風閣帖》皆作此，故從之。

朝朝暮暮，與硯相守，游刃作銘，鷗鷺忘機。（2020.4.26）

貳拾

半壁硯作"半壁"銘

那晚在"微拍堂"上看到了這半塊老硯，隨想起北周庾信《寒園即目》詩："游仙半壁畫，隱士一床書。"半壁：半邊（特指半壁江山）。此"半壁"硯可作半壁銘，舊硯舊句作新銘，文意相合，意與古會。

此端州石太史殘硯，長183毫米、寬58毫米、高45毫米。半壁硯由中間一分爲二，余所收集到爲左半側的二分之一。半壁硯尚可平穩擺放，左側半壁硯面可以刻銘。在殘硯内側斷面上可以直觀到硯堂、硯肩、硯池在刻製過程中形成的曲綫變化，氣象大觀，瑕不掩瑜，殘斷亦美。斷面上流動的綫條與豐腴的硯體，平添了美的感受。

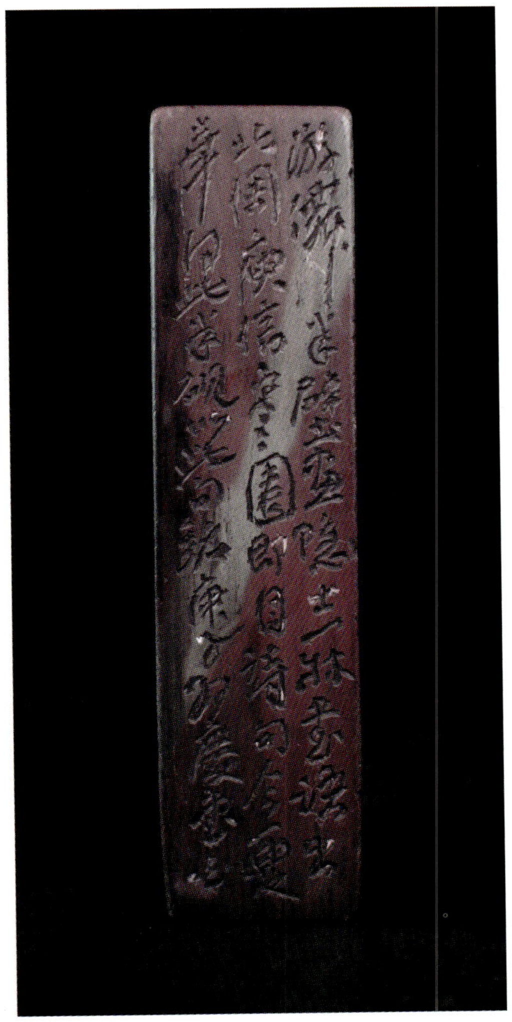

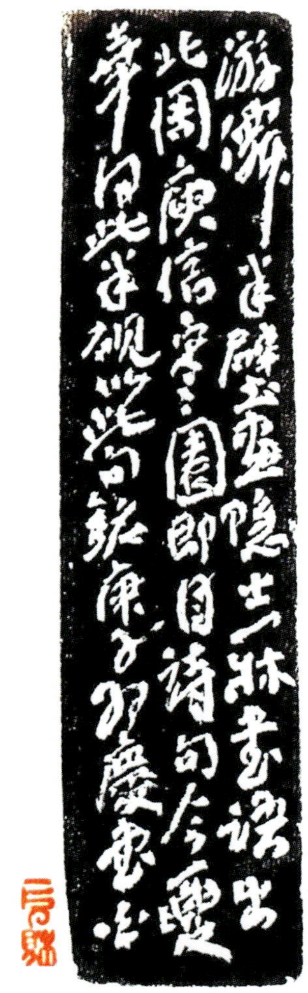

余刻銘文：“游仙半壁畫，隱士一床書。語出北周庾信《寒園即目》詩句。今夏幸得此半壁硯以此句銘。庚子孫慶堂白。”

今日小雪，庚子冬日再觀拙刻半壁硯銘，持物有感，銘吾心語。（2020.9.15）

貳拾壹

清代端州石老坑竹節硯刊慶堂銘

一方圓形竹節硯，硯面開深池，池內有一顆柱眼，老坑端州石，呈深紫色，硯面爲横斷面截開的竹節形，側面刻畫有一枝小嫩芽。直徑123毫米、高33毫米。

此硯寬邊，觀圓形深池如一輪圓月，池内有先賢使用時磨下的凹痕，池内邊緣保留有一顆柱石眼，就像是映月天際上的一顆星，在端州石品中這類石眼稱之爲“星”。于硯面寬邊之上余作打油詩刊銘：“圓月疑落在人間，一池清水一星天。青絲映照忽白髮，隔欄遥望滿城烟。慶堂銘。”

銘文中“圓月”指此硯作圓形，“星”指池内保留的一顆柱石眼。對照墨池中一潭清水的我，忽然發現自已是满頭白髮的老人了，感嘆歲月人生，刊此銘并記。

此硯銘環繞一周，邊緣有磕碰，在排列銘文時，有的文字結構缺損，但不影響辨認識讀。

“寧可食無肉，不可居無竹。”古人愛竹，古代以竹寓意製硯并使用，上至帝王，下至百姓皆此。是硯滄桑厚重，隨爲圓形，似圓非圓，玄妙于此之中。（2021.4）

貳拾貳

“五一”國際勞動節被你感動
——明代白端抄手硯

一方明代白端石抄手硯，看到時的第一眼即被你折服，深深的磨痕，如面先賢于青燈下的身影與輕輕搖動的手臂，你不經意間的一眼，就是前人幾十年的守候……

此硯温潤如玉，白石略微泛黄色，長143毫米、寬75毫米、高25毫米。邊角有磕碰痕迹，硯面開長方池，硯堂有深深的磨痕，余端詳良久，隨手寫下了一段六十八個字作銘：“辛丑花月得此研，一片雲根白雲間。銀鈎鐵畫戲作此，一字一句情緣。潭水深，魚兒戲，一刀一筆寫大千。吾書吾刻吾遺興，相陪相伴相永年。沽上土城孫氏後人孫慶堂作銘。”

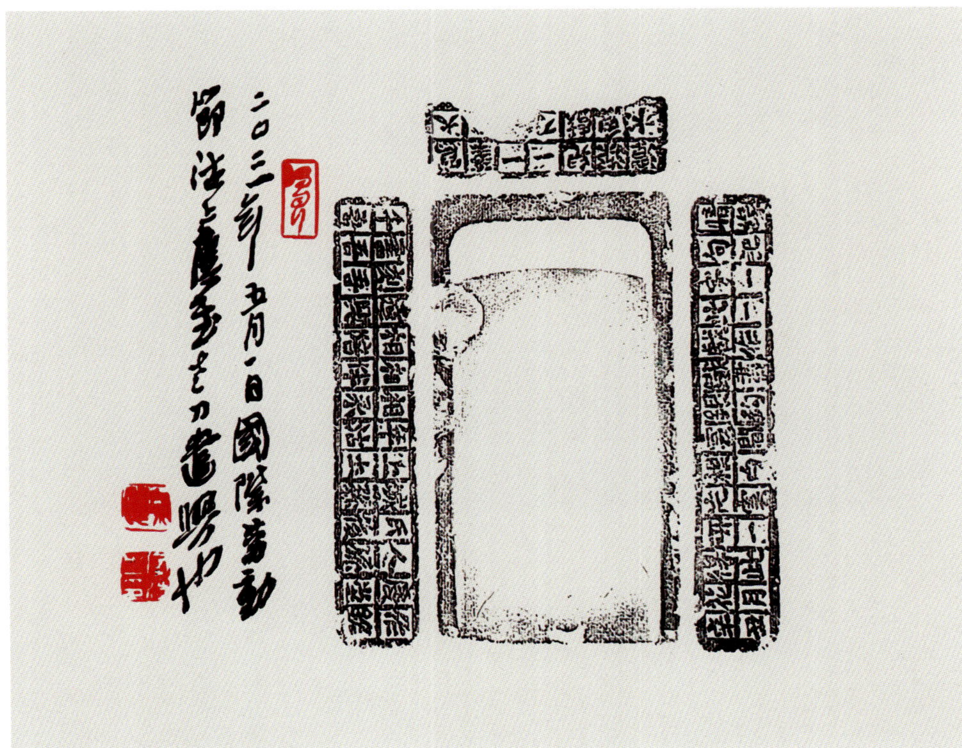

此硯銘以楷書體擬“格眼”法，一格置一字，硯臺的正前方下邊口有磕碰，空下兩個格眼，故文字順延，正好將三面硯墻刻满文字。

拓片觀之，硯臺表面因劃痕、磕碰和使用等痕迹，使得拓片上“墨花”隱現，使得銘文斑駁而渾然一體。在刻製過程中硯石堅硬，“咔咔”作響，刀刀如切玉，不由得又讓我想到硯堂上先賢留下的那個深深凹痕。

“五一節”的感動，雅言作銘，慶堂白。（2021.5.1 晚）

貳拾叁

“有鳳來義”慶堂喜得明代端州石多眼巧雕鳳凰池硯作銘

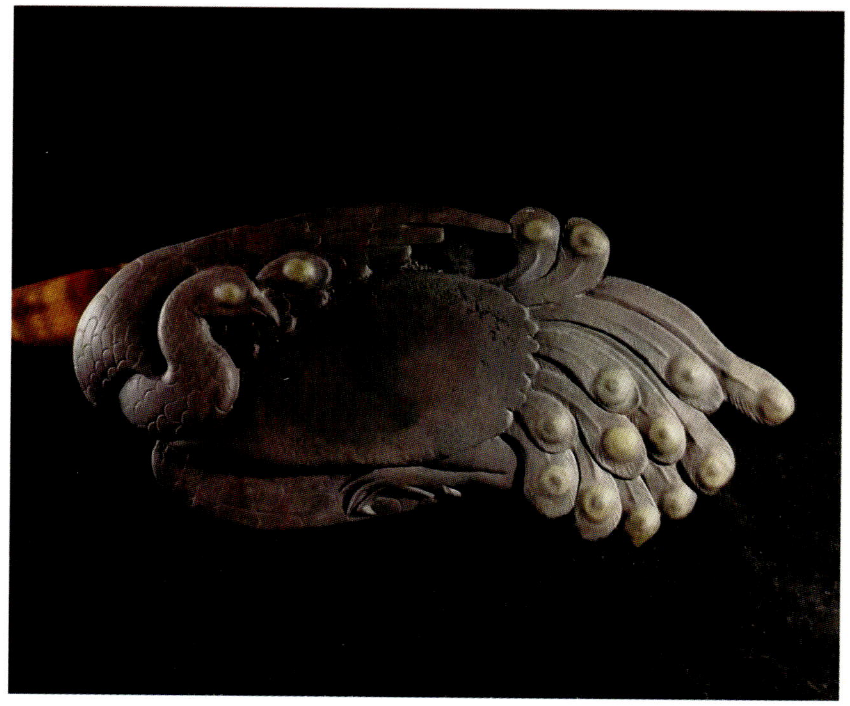

是硯仿生作鳳凰樣，鳳首、鳳冠，利用端州石固有的兩顆石眼作巧雕，在鳳尾翎羽末端同樣利用一組石眼作裝飾，整體觀之，石眼自然地分布錯落，却又巧妙凸顯了鳳凰的特徵，可謂天人合一。硯長243毫米、寬112毫米、高23毫米。是硯鳳首、鳳尾左右分置，雙翅設計在上下邊緣，形態作側飛式，硯池設計在上邊緣翅膀之下，硯堂安排在腹部，腹部下邊緣減地雕刻一鳳爪。硯石呈深褐色，硯背基本平整無紋飾。傳有清末時期舊木匣。

硯背余撰并作隸文屬銘：“慶堂喜得鳳凰池，有鳳來儀吉羊止。陋室藏硯新樣好，奮筆吟咏太平時。辛丑夏沽上土城孫氏後人孫慶堂銘。”銘文中“鳳凰池”即指此鳳凰形硯，“吉羊”即吉祥。

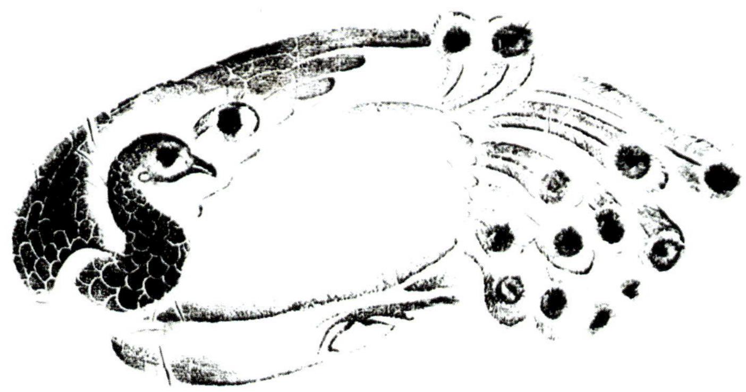

明代，已見有仿生類古硯作品傳世，經典有獅子造型等。同類鳳凰硯造型，在近年古硯專題拍賣會中陸續出現過兩三件，爲數不多，均作橫式。

此硯明時期，尺寸理想，質料華貴，樣式稀少，硯背面保留原石殘面，此石尤以石眼巧色雕琢爲鳳硯，匠心獨造。（2021.5.3 晨）

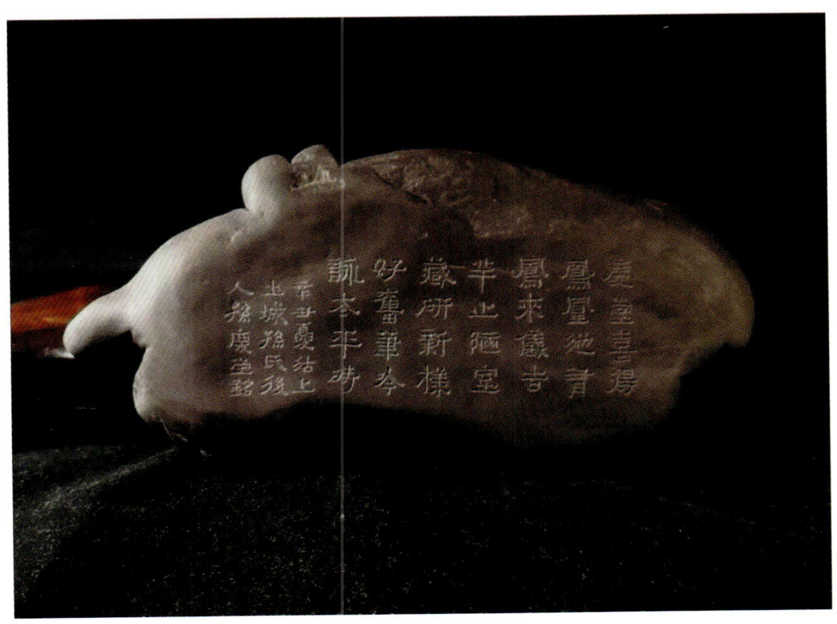

貳拾肆

節録《論語》寄相思

“五一節”刻了方小硯，節録一段《論語》文字銘之，以寄托相思之情。

一方遺世的小硯，質料澄泥蝦頭紅，整體呈升騰的“蘑菇雲”狀，硯面開月牙池，硯堂微凹，體態隨性而爲，得自然之美。

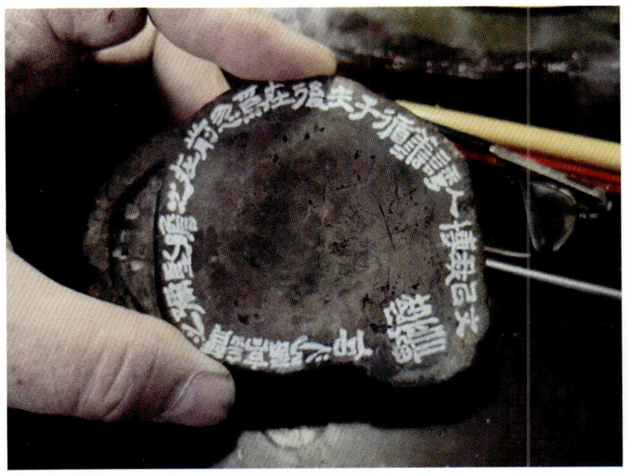

硯面邊緣刻銘："仰之彌高，鑽之彌堅；瞻之在前，忽焉在後。夫子循循誘人，博我以文……""癖斯"（印）。

【譯文】：對于老師的學問與道德，我抬頭仰望，越望越覺得高；我努力鑽研，越鑽研越覺得不可窮盡。看着它好像在前面，忽然又像在後面。老師善于一步一步地引導我，用各種典籍來豐富我的知識……

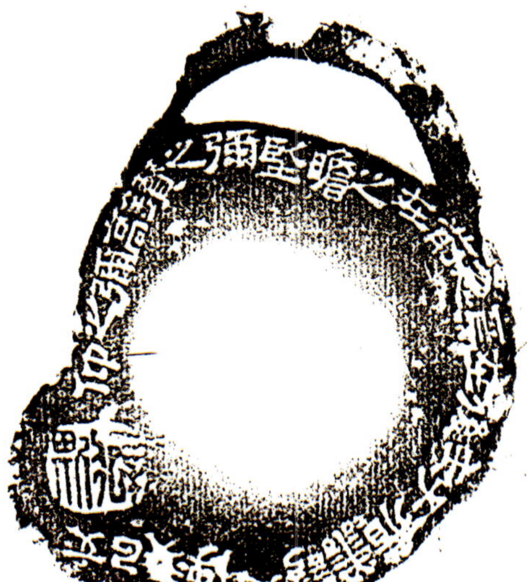

于澄泥硯右側面刊“孫慶堂”（印）

先師楊魯安先生，我國著名書法、篆刻家，著名收藏家，在内蒙古工作期間有幸遇到的老師，是我今生的貴人。2009年4月30日在呼和浩特謝世，感恩，涕零。今逢“五一節”，録《論語•子罕》作銘，以物寄情，没齒不忘。
（2021.5.3 慶堂燈下）

後記

滴水盈潭，面對案頭上羅列的一方方古硯，多年的積蓄耕耘，感受頗多，一時不知從何説起……

早年支邊内蒙古，由于喜愛書畫，二十世紀七十年代初選調到察右前旗烏蘭牧旗，從事舞臺美術工作，後又調到文化館，那會寫寫畫畫都還是研磨，離不開硯臺。記得調到文化館工作後，我的職責是文化陣地宣傳，平日裏寫畫也没有離開硯臺，館裏有一方好大的老硯臺，厚厚的蓋子，深深的墨池，研一次墨能用好幾天……一天突發奇想，我在硯臺的蓋子上刻劃了梅花、松樹、竹子，還刻上《三友圖》，今天回想起來，這算是我的硯銘“處女作”吧。由于對書法、篆刻的喜愛，多年來涉獵紫砂壺、古硯刻銘，將書法篆刻作品轉嫁到古硯上，“秉筆游刃與硯語”，嘗試一種全新的創作模式，可謂“我同古人游”。

余性本孤寂，每每新得到一方古硯都能讓我激動不已，置于案頭，慢慢端詳，細細品味，輕輕撫摸，不經意間，體會到許多。硯若蘭，志彌堅，它一直默默地陪伴着主人。古硯數千年傳承發展，形成了硯文化。古器物不會講話，但古代工匠用雕鑿的手法，以器型作暗喻，以神韵、綫條表現，還有硯堂上先賢研磨時留下的深深凹痕，再經歷了歲月的洗禮……這些都是在向你訴説着它的前世今生，穿越了時空，讓你步入那個年代。我説古硯都有生命，都有故事，而它默默不語和沉寂的品質，更是讓我敬畏。

在古硯的收藏與刻銘過程中，對它的痴迷程度，好像是我自己都没有想到。“不瘋不魔不成活”，人生何其短，難得的是一事成癖。在古硯上作銘，感受到藏品從沉寂而漫長的歲月中蘇醒的狀態，讓它與今人重逢。

抗心希古，滴水盈潭。自幼喜好塗鴉，受家庭影響而風雅好古，父母爲我取的名字中就有“潭”字。在與古硯搜尋相處的日子裏，雖然因刻銘而飽受筋骨之痛，積勞成疾，但我還是説“樂事不苦”。回顧過往，古硯作銘，讓我學習到很多知識。物人相遇，二者私語，可與誰人知……

此書收録宋元以來古硯近一百四十余方，《附録》收録有部分刻硯短文。今匯集成書，是一個總結，望得到同仁指正。在天津印社二十五周年華誕，《秉筆游刃與硯語——慶堂藏古硯刻銘選》付梓，首先感謝西泠印社出版社的大力支持、編輯的辛勤工作，還要感謝天津印社文化發展有限公司同仁，以及王雲山、田晋華二位先生爲此書作序。

孫家潭2021年4月28日于沽上土城慶堂之北窗